叮叮與我

張順光
柴宇瀚

著

香港電車120週年圖片集

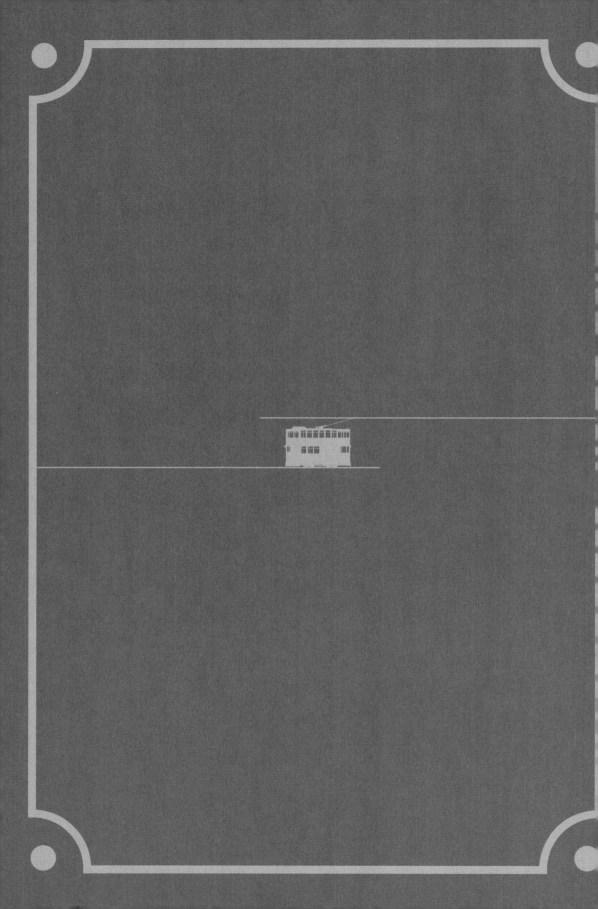

序一（譯文）

我懷着極大的喜悦，並一份深深的自豪，熱切問候尊敬的讀者，冀透過這本精心製作的新書，向我們鍾愛的電車網絡，及其所蘊藏的豐富歷史、文化意義和不朽傳承致意。

2022 年 10 月，我以香港電車董事總經理的身份，踏上了這段令人振奮且充滿目標的旅程。我和家人滿懷抱負，從巴黎抵達香港，探索和認識這個迷人城市及其市民。

在巴黎期間，我對「叮叮」已有相當了解，知道它是公共交通領域中一個引人注目的焦點，並在全球公共交通愛好者中享有聲譽，而巴黎大眾運輸公司（RATP Group）對於能成為香港電車的母公司，深感自豪。

然而，我也是直至擔任現職前首次訪港，才真正有機會體驗我們熱愛的港產「叮叮」。這次經驗在兩方面給我留下不可磨滅的印象：

首先是旅程本身。穿梭於香港島的中心地帶，電車內敞開的窗戶和悠閒的速度讓乘客完全沉浸於這個城市的獨特氛圍之中。毫無疑問，我平日每天都會搭乘電車，並特意在車廂上層找一個盡可能靠近窗戶的座位。由於經常從中環坐電車到屈地街車廠，我開始對德輔道西周圍和沿途海味店撲鼻的香氣產生濃厚興趣。當電車的車窗打開時，它成為一種讓人真正身歷其境的體驗，乘客可以同時看到、聽到，甚至嗅到這個充滿活力的城市景觀。

第二是環繞「叮叮」的非凡氣氛。每當我與別人談論電車時，不論是香港本地人還是來自外國的遊客，我都能看到他們對電車的真摯感情。這種真實的連結確實令人窩心，也印證了電車在人們心目中的重要地位。

擔任現職之初，我深感榮幸，但也深知這是一個需要不斷探索、且充滿承擔的非凡旅程，我有幸在當時認識到張順光先生（Alan），他努力不懈發掘和維護香港電車故事中的寶藏，給我留下深刻的印象。我非常榮幸可為大家介紹這本書，它不僅是我們共同旅程的編年史，更是一幅織錦，當中交織着故事、記憶，也是塑造電車網絡恆久傳承的重要里程碑。當您細閱本書時，您將踏上一段迷人的時光之旅，見證電車從古到今的演變。

Alan 的收藏包括各個年代的電車歷史相片、車票、結構圖，以及其他珍貴紀念品。這些藏品就像一扇窗戶，讓我們深入了解過去，追溯過去 120 年來曾乘搭電車的人之足跡。

　　本書除了介紹有形的文物外，還深入探討了香港電車根植於我們城市特徵中的無形元素。香港電車的獨特素質在於其非凡的彈性和適應力，擁有與眾不同的基因。在不少國家中，類似的交通系統在二戰後不久就消聲匿跡，但「叮叮」在香港不僅經歷了時間考驗，甚至能蓬勃發展，多年來不斷創新，並迎來新的發展階段，而香港電車在許多方面也體現了香港及其市民的毅力和適應力。面對數之不盡的危機和逆境，香港市民展現勇氣，而且往往在克服每次挑戰後變得更加堅強。

　　在 Alan 作為策展人之下，為「叮叮」帶來豐富的遺產和不朽的傳承，我對此深感榮幸。我亦從中發現一個關於電車綠色車身起源的有趣歷史故事，它可追溯到 20 世紀 40 年代。當時，全世界只有幾家大型油漆工廠。為了準備應戰，這些工廠儲備了大量戰時所需的顏色油漆，包括綠色、啡色、黑色、灰色等。戰後，香港在 1950 年代和 1960 年代面臨經濟困難，努力建立以消費驅動的經濟體系。因此，政府採取了一種具成本效益的方法來管理公共設施。他們選擇運用當時最便宜的油漆，恰好就是戰時有剩餘供應的綠色油漆。這項決議使小販攤檔、燈柱、欄杆和報攤，以至包括電車在內的公共交通工具均一致運用深綠色油漆。隨着時間過去，這種做法逐漸變成一種珍貴的傳統；見證着這種基於經濟環境而促成的節流措施，如何演變成電車的獨特特徵，確實令人驚嘆。

　　綠色的電車車身印證了香港在面對挑戰時機敏和富彈性的一面，亦是這個城市歷史的視覺提醒，塑造了香港身份的那份不朽精神。

　　我認為，電車具有特殊的意義，主要體現於兩個方面：首先，它勾起了許多香港市民的懷舊記憶。電車在無數市民的生活中扮演着不可或缺的角色，為他們與親人製造了珍貴時刻，並保存了他們的童年回憶。建築物可能在建成後又被拆卸，但電車卻經歷了時間的考驗，保留了這些珍貴的時刻。

電車獨特的「叮叮」聲已深深植入香港市民的心中，瞬間喚起他們對這種標誌性交通工具的懷念和聯繫。

其次，電車代表着傳統與進步的和諧結合，亦象徵着一種香港精神，體現了現代大都市中不同悠久傳統的迷人融和。在快速發展的城市景觀中，電車可作為一種提醒，讓大家記着這個城市的豐富歷史和文化特徵。

在紀念電車通車 120 週年之際，我必須承認我特別鍾愛 120 號電車，其設計展現出從 20 世紀 50 年代至 1991 年間優雅地穿梭於香港的電車風格。登上這輛電車，其原裝藤椅和 20 世紀 50 年代風格的燈飾，讓人有一種穿越時空的感覺。無可否認，車廂內的氣氛很特別，而搭乘 120 號電車就像踏上一趟穿越歷史的懷舊之旅。

實際上，不獨在香港，電車在全世界也擁有區別於其他交通工具的靈魂。它在人們心目中佔有非常重要的地位，既是與過去的有形聯繫，也是現今不可或缺的一部份。

香港電車是深受香港人喜愛的傳統標誌，我非常感恩，同時也感到自豪，能夠與一班同事在這裏共事。120 年以來，我們為這座城市提供了一種流行、方便而且廉宜的公共交通。

我謹向 Alan 致以最由衷的謝意，感謝他為致力保存香港電車歷史所付出的努力，其熱情和專業知識使我們能向更多人分享電車的迷人故事，確保下一代能夠充份理解這種標誌性交通工具的重要性。

展望將來，香港電車將致力擁抱未來，同時尊重我們豐富的傳統。我們深知持續發展、創新和包容性對塑造電車網絡新一頁的意義，因此會繼續投資於現代化，並採用最先進的技術，以提高安全性、效率和乘客體驗。我們將與社區攜手合作，細聽市民的需求和願望，並努力為所有人提供可靠、方便和可持續的交通工具。

戴弘博
香港電車有限公司董事總經理

Foreword One

It is with great pleasure and a deep sense of pride that I extend my warmest greetings to all the esteemed readers of this meticulously crafted publication which pays homage to the rich history, cultural significance, and enduring legacy of our beloved tram network.

I embarked on this exhilarating and purposeful journey as the Managing Director of Hong Kong Tramways in October 2022. With an aspiring heart, my family and I arrived in Hong Kong from Paris to explore and acquaint ourselves with this enchanting locale and its wonderful people.

During my time in Paris, I was already acquainted with the "Ding Ding", as it is renowned as a noteworthy attraction in the realm of public transportation. It holds a global reputation among public transport enthusiasts, and the RATP Group takes great pride in being the parent company of Hong Kong Tramways.

However, it was during my initial visit to Hong Kong, prior to assuming my current position, that I had the genuine opportunity to experience our beloved made-in-Hong Kong "Ding Ding". Two aspects of this experience left an indelible impression on me:

The first aspect is the ride itself. Travelling through the heart of Hong Kong Island, with open windows and a leisurely pace, provides passengers with a complete immersion into the unique atmosphere of this city. Without fail, I take the tram every weekday, and intentionally secure a seat on the upper deck, as close to the window as possible. Through frequent journeys from Central to Whitty Street Depot, I have developed an affinity for the Des Voeux Road West area and the aromatic dried seafood shops that line the route. With the tram windows open, it becomes a truly immersive experience where one can simultaneously see, hear, and even smell the vibrant cityscape.

The second aspect encompasses the extraordinary ambiance surrounding the "Ding Ding". Whenever I engage in conversations about Tramways with individuals, be they Hong Kong locals or visitors from abroad, I witness their genuine and heartfelt affection for Tramways. The authentic connection is truly heartwarming and serves as a testament to the cherished place Tramways holds in the heats of people.

At the onset of this remarkable journey of discovery, responsibility, and privilege, I had the opportunity to meet and become acquainted with Alan Cheung, whose unwavering commitment to uncovering and preserving the treasures that encapsulate the narrative of Hong Kong Tramways left a lasting impression on me. It is with great honour that I introduce this book, which serves as a chronicle of our collective journey, a tapestry interwoven with stories, memories, and significant milestones that have shaped the enduring legacy of our beloved tram network.

As you delve into the pages of this publication, you will embark on a captivating journey through time, witnessing the evolution of our trams from their earliest days to the present.

Alan's collection of historic photographs about various generations of trams, ticket stubs, architectural plans, and other memorabilia provides a vivid window into the past, allowing us to retrace the footsteps of those who have travelled on our trams over the past 120 years.

Beyond the tangible artifacts, this book also delves into the intangible aspects that have ingrained Hong Kong Tramways into the very fabric of our city's identity. The defining essence of Hong Kong Tramways lies in its extraordinary resilience and adaptability. It possesses a distinctive DNA that sets it apart. In most other countries, transportation systems of this nature vanished shortly after the Second World War. However, in Hong Kong, "Ding Ding" not only withstood the test of time but also thrived, consistently innovating and ushering in new phases of development throughout the years. In many ways, Hong Kong Tramways mirrors the perseverance and resilience of Hong Kong and its people, who have bravely faced numerous crises and adversities, emerging even stronger with each challenge overcome.

With Alan as the curator, I am deeply honoured by the rich heritage and enduring legacy of our "Ding Ding". One intriguing historical episode I have come across involves the origins of the green tram car body, which dates back to the 1940s. During that time, only a few large paint factories existed worldwide. In preparation for war, these factories stockpiled a significant quantity of colours required for wartime purposes, including green, brown, black, grey, and others. Following the war, Hong Kong faced economic hardships in the 1950s and 1960s, striving to establish a consumer-driven economy. As a result, the government adopted a cost-effective approach to managing public facilities. They chose to utilise the most affordable paint available, which happened to be the surplus green paint from the wartime supplies. This decision led to a consistent application of dark green paint not only on hawker stalls, lampposts, railings, and newspaper stands but also on public transportation vehicles, including trams. Over time, this practice gradually evolved into a cherished tradition.

It is truly remarkable to witness how this humble choice, rooted in economic circumstances, has transformed into a distinct characteristic of our trams. The green tram car body stands as a testament to the resourcefulness and resilience of Hong Kong in the face of challenges. It is a visual reminder of the city's history and the enduring spirit that has shaped its identity.

In my perspective, tram holds a special significance due to two key factors: Firstly, they evoke the nostalgic memories for many Hong Kong residents. Trams have played an integral role in the lives of countless citizens, creating cherished moments with loved ones and preserving childhood memories. While buildings may come and go, trams have endured the test of time, safeguarding these precious collections. The distinct "Ding Ding" sound of trams has become deeply ingrained in the hearts of all Hong Kong people, instantly evoking a sense of nostalgia and connection to these iconic vehicles.

Secondly, trams embody a captivating fusion of time-honoured traditions amidst a modern metropolis. They represent a harmonious blend of heritage and progress, symbolising the very spirit of Hong Kong. In a rapidly evolving urban landscape, trams serve as a reminder of the city's rich history and cultural identity. As we commemorate our 120th Anniversary, I must confess my fondness for Tram #120. Its design pays homage to the trams that gracefully traversed Hong Kong from the 1950s until 1991. Stepping aboard this tram evokes a sense of time travel, with its original rattan seats and 1950s-style lamps. The atmosphere within is undeniably special, and riding on Tram #120 is akin to embarking on a nostalgic journey through the annals of history.

In essence, trams possess a soul that sets them apart from other modes of transportation, not just in Hong Kong but worldwide. They hold a cherished place in the hearts of the people, serving as a tangible connection to the past while remaining an integral part of the present.

It is with immense gratitude and pride that I work alongside my teammates at Hong Kong Tramways—a beloved heritage icon of Hong Kong. For 120 years, we have provided the city with a popular, convenient, and affordable means of public transportation.

I would like to extend my deepest appreciation to Alan for his unwavering dedication in preserving the history of Hong Kong Tramways. His passion and expertise have allowed us to share the captivating story of our trams with a broader audience, ensuring that future generations can fully grasp the significance of this iconic institution.

Looking ahead, Hong Kong Tramways is committed to embracing the future while honouring our rich heritage. We recognise the importance of sustainability, innovation, and inclusivity in shaping the next chapter of our tram network. We will continue to invest in modernisation, incorporating state-of-the-art technologies to enhance safety, efficiency, and passenger experience. We will work hand in hand with the community, listening to their needs and aspirations, as we strive to provide a reliable, accessible, and sustainable mode of transportation for all.

Paul Tirvaudey
Managing Director, Hong Kong Tramways Ltd.

序二 （譯文）

　　香港收藏家協會前會長張順光先生受邀撰寫新書，以紀念香港電車有限公司成立 120 週年，當中特別關注一輛今天仍然運作的戰後經典電車——120 號電車。

　　我於 1994 年加入電車公司之前，張先生一直是我的朋友，也是電車公司的忠實支持者。當時，我擔任電車公司的董事兼總經理，此後曾兩度重掌這項業務，直至九龍倉集團決定將這個本地標誌轉讓給著名的國際公共運輸業者法國威立雅公司為止。

　　120 號電車不僅維持了外觀，還保留了內部設計，座椅採用藤製，窗框則是木製。廣告展示板也與 20 世紀 60 年代電車公司推出第一代車身廣告時相同。然而，在 1996 年發生了一系列事故後，電車的結構和控制組件已進行了現代化改裝。現今電車作為一種電腦化的車輛運作，配備了類似防鎖死煞車系統（ABS）的制動系統，以及帶有緊急控制開關的改良懸吊系統等。

　　電車公司的雙層電車車隊獨一無二，是世界上唯一仍然營運的電車車隊。車隊每天載客約 16.5 萬人次，沿着港島北岸最繁忙的地區行駛。它是香港的標誌，也是最受本地人和遊客歡迎的交通方式之一。

　　我很榮幸能擔任電車公司的董事兼總經理超過 15 年，並見證它這些年來的變化。我謹藉此機會祝賀公司成立 120 週年，並深信在以後的許多年電車將繼續為香港市民服務！

易志明，GBS, JP
立法會議員（航運交通界功能界別）

Foreword Two

The former President of the Hong Kong Collectors Society, Mr. Alan Cheung, was invited to write a book to mark the 120th Anniversary of Hong Kong Tramways Limited (HKTL), with particular interest on Tram #120, the classic post-war tram which still runs today.

Mr. Alan Cheung has always been a friend of mine and a staunch supporter of Tramways even before I joined the company in 1994. Back then, I was the Director and General Manager, and have since rotated back twice to manage this business until the Wharf Group decided to divest this local icon to a reputable international public transport operator, French-based company Veolia.

Tram #120 has maintained not only its outward appearance, but its interior design, which features seats made of rattan, and window frames made of wood. The advertising display panels also remain the same as they were in the 1960s, which was when the company introduced their first generation of advertisements. The structural and control units of the tram however, have been modernised after a series of incidents in 1996. The tram now operates as a computerised vehicle with an ABS-like braking system and improved suspension system with a dead-man control switch, etc.

Tramways' double-decker tram fleet is unique and is the only operating fleet in the world. This fleet carries approximately 165,000 passengers every day, and runs along the busiest districts on the north shore of Hong Kong Island. It is an icon of Hong Kong and enjoys being one of the most popular ways to get around by locals and tourists alike.

It is my honour to have had the opportunity to serve as Director and General Manager of Tramways for more than 15 years and to have witnessed its changes over the years. I would like to take this opportunity to congratulate the company on its 120th Anniversary and I have the confidence that these trams will continue to serve our fellow Hong Kong citizens for many more years to come!

Hon. Frankie Yick, GBS, JP
Legislator, Transport Functional Constituency

序三（譯文）

　　我對電車的興趣可追溯到 1948 年。當時只有七歲的我被帶到英國南部的修咸頓，並坐上了一輛電車，但電車在第二年就停駛了。後來，我在倫敦探望親戚時，我坐上了當地的電車，直到現在還清楚記得 1952 年電車營運最後一星期那次經歷。加入皇家海軍後，我在 1958/60 年在蘇格蘭服役了兩年，並且能夠於格拉斯哥乘搭算是相當具規模的電車系統。然而，當時電車在當地也快將消亡，所以當我在 1961 年第一次乘船到訪香港時，我驚訝又高興地發現一個仍在運作的電車系統。

　　在我於海軍服役的 14 年間，由於我的艦艇經常到訪香港，因此在 1965/66 年我參與了一本香港電車歷史書籍的出版項目。我在下午和晚上不用當值時花了多個小時，用手抄的方式複製他們的所有檔案資料，但資料實在太多，根本無法複製。幸運的是，這些檔案資料在日佔時期被幾位忠誠的軍隊人員保存了下來。最終，第一本關於香港電車歷史的著作於 1970 年，即香港電車成立 66 週年的時候出版了。當時人們普遍認為，隨着新的地鐵線建成，電車或許會在 1982 年被取締，但幸好這件事沒有發生。

離開海軍後，我直到 1992 年才重返香港，從此變成了我定期的行程。同時，我還一直與黑池電車（Blackpool Transport）合作至 2007 年，而當我訪問他們時，他們帶我參觀車廠。在 20 世紀 90 年代中期（即黑池電車成立 90 週年），我亦擔當工程經理 Ian Hingley 與黑池電車之間就計劃中的雙層電車轉向架、將電流收集變為集電弓（黑池自己建造），以及有關新逆變器（在香港稱為變流器）的問題的溝通中介人。

所以，總的來說，重訪香港發生於 2004 年——電車的 100 歲，一直到包括今年 2024 年，即又過了 32 年。這是我在電車上度過其大半生的一段記錄，我將其記錄在電影膠片和當今的 DVD 攝錄機上。

幾年前，我因為共同興趣而與張順光先生會面，現在我把我著作中使用的所有原始底片、彩色幻燈片和我多年來收集的其他文物交給他保管。我期待看他的新作，我深信憑藉他的知識和專業，這本書將是一份非常受歡迎的資產。

Alan Williams
《香港電車有限公司》（*Hongkong Tramways*）合著者

Foreword Three

My interest in trams goes way back to when I was seven in 1948 when I was taken to Southampton, in the south of the UK, and rode on a tram although they finished the following year. Later, on visiting relatives in London, I was taken on their trams and do remember a visit on their final week in 1952. After joining the Royal Navy I served two years in Scotland, 1958/60 and was able to ride on what was still quite an extensive system in Glasgow. However, these were dying days of the tram so when on my first ship in 1961 I visited Hong Kong I was amazed and delighted to find an up and running tram system.

In my 14 years in the Navy, as my ships often visited Hong Kong, in 1965/66 I was involved in a proposed book on the history of Hong Kong Tramways (HKT). I spent many an hour in afternoons and evenings having the freedom of the Offices and hand writing from all the archive material they had, which was too bulky to copy, that had luckily been saved by a couple of the loyal Office staff during the Occupation. This culminated with the very first book on the history of HKT published in 1970 their 66th year. It was, then, accepted that with the new MTR lines to be constructed that the trams would probably finish in 1982 but, luckily, that did not happen.

After leaving the Navy I did not return to Hong Kong until 1992 and have continued regularly since then. I also worked with Blackpool Transport (BT) until 2007 and on my visits was welcomed to visit the Depot and also acted as a go-between with Ian Hingley, the Engineering Manager, in the mid-1990s, their 90th year, and Blackpool Transport concerning bogies for the proposed double deck tram, changing current collection to pantographs (BT constructed our own) and also problems associated with the new inverters although called converters in Hong Kong.

So, in all, returning visits were in 2004, 100 years old and up to and including this year 2024, that is 32 years. A bit of a record that I have ridden on the trams over half of their life and recorded the same on both cinefilm and present-day camcorders for DVDs.

A few years ago, I met with Alan Cheung, over our mutual interest, and have now entrusted him with all my original negatives, used in my book, and colour slides and other artifacts I collected over the years for safe keeping. I look forward to his new book which I know, with his knowledge and expertise, will be a great welcomed asset.

Alan Williams
Co-author of *Hongkong Tramways*

序四

　　還記得在 2018 年，「文化葫蘆」以港島區歷史文化為主題，舉辦了一項大型社區展覽。當時我們十分榮幸邀請到張順光先生（Alan Cheung）作為是次計劃的文化顧問，協助舉辦電車文化歷史導賞團、講座以及創意活動。其間，我們更租用了 120 號戰後型電車，將其化身為「流動劇場」，由資深話劇演員演出別開生面的短劇。故事構思以電車沿途的社區歷史為藍本，由昔日塘西和三角碼頭的元素開始。電車途經灣仔時，演員又變身成 1960 年代的「飛仔」「飛女」，施展渾身解數，扮演不同角色，以有限空間，發揮最大創意。演出中更與觀眾互動，引來不少笑聲，更惹來街道行人和其他電車乘客的注目。這次嶄新的電車劇場表演糅合了歷史元素，既新鮮又充滿玩味，令人難忘。

　　今時今日的電車早已超越作為運輸工具的載體，不只是香港市民一個重要的「流動地標」，更包含了重要的城市文化記憶，甚具意義。香港電車打從 1904 年至今 120 年間，在港島區東西往來穿梭，跟幾代香港市民一起見證此地從維多利亞城發展到現代都市，深深領略中西文化的相互交融，衍生出其獨特的國際城市風貌，令我們感到自豪。

　　只要乘坐電車，沿着百年軌跡，從西區起點回憶 20 世紀初璀璨的塘西風月，沿途經過鹹魚海味街和昔日的三角碼頭與上環大笪地，再穿越中環的經濟行政中心，當中商廈林立，車水馬龍，人聲鼎沸，繁華興盛。再而經過灣仔，活化後的和昌大押依舊屹立，只可惜不少昔日社區多姿多彩的民間消遣娛樂早已絕跡，探頭外望沿街僅餘的少量霓虹招牌。從莊士敦道至軒尼詩道，銅鑼灣仍是風采依然。轉眼駛過英皇道，部份電車轉入北角春秧街，街市佈滿購物的市民，緩慢的電車叮叮不斷，提醒顧客和小販讓路，將人潮一分為二，轉瞬又二合為一，被視為都市奇觀。幾分鐘的車程，街頭巷尾夾雜着此起彼落的喧鬧叫賣聲和街市的獨特氣味，構成一幅充滿地道魅力的「市井風情畫」。

以上的景象交織着現況和回憶，全是我個人對遊「電車河」的體驗分享。至於其他更有趣的情景，留待您們或是遊客親身發掘和感受。這種地道的「電車河」經歷，教我想起文化評論家班雅明（Walter Benjamin）所說的「城市漫遊者」（City Flâneur），以閒適和自在的態度，去觀察和探索都市的種種可能，當中感受空間和時間之間微妙的關係。相信電車能為今天的城市漫遊者帶來更多啟發，印證慢活的真意義。

今天隨着社會急速發展和全球化的趨勢，新一代有着更強烈的環保意識，配合可持續的概念，相信是未來文明進展的新方向。電車作為集體運輸工具，絕對符合以上兩個社會需求。我深信，電車公司一直以來秉承與時並進的信念，將為電車這個「城市瑰寶」注入更多的活力，繼續與香港市民同行。

說到香港電車的歷史掌故，Alan 作為香港收藏家兼電車專家，多年來不遺餘力搜集和研究電車的歷史和文化，過往曾出版圖文並茂的電車專集。適逢 2024 年為香港電車 120 週年，Alan 在全新的著作中傾注精彩內容，務求更全面地將電車的歷史故事向讀者娓娓道來。最後，謹在此祝賀香港電車公司 120 週年，並衷心感謝 Alan 作出的貢獻，順祝新書一紙風行！

吳文正
「文化葫蘆」創辦人兼項目總監

自序一

當我回顧過去的時光，不禁對香港電車的歷史深表敬意。自從 1904 年開始營運以來，這種古老的陸上交通工具一直在香港服務至今，僅次於 1888 年建成的山頂纜車。2024 年，迎來了香港電車誕生 120 週年的重要時刻。

我對電車的熱愛始於 1988 年。那時我在一家懷舊店買下了一張明信片，本以為是歐洲城市的相片，後來才發現這張照片是 1906 年中環街道的景象，畫面上有兩輛單層電車穿梭於亞歷山大行（即現在的歷山大廈）之間。這讓我對電車這種稀有的交通工具產生了濃厚興趣，促使我之後不斷收集電車的相片、明信片、車票和歷史文獻等。

1992 年，當時的區域市政局邀請我和兩位朋友在三棟屋博物館舉辦了名為「香江飛鴻」的明信片展覽。在這次展覽中，我提供了大部份與電車有關的文物和相片。

筆者張順光與老朋友 120 號電車合照

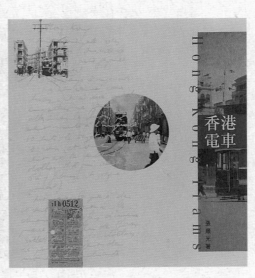

張順光著作《香港電車 1904-1998》，1998 年出版，是華人第一本以中文全面介紹香港電車的作品。

還記得在 1994 年，電車公司為了慶祝 90 週年，與地下鐵路公司合作推出了一款地鐵卡，其中的電車相片也是由我提供的。同年，電車公司還推出了限量版月曆，我也提供了一些舊相片，供電車公司製作新舊對照圖。

　　1998 年，我出版了第一本關於電車的書籍《香港電車 1904-1998》，並獲得了兩個獎項（該年參賽書刊超過 1,500 份，只有 25 個獎項）。

　　2004 年，電車慶祝 100 週年，郵政署特別印製了紀念郵票，我提供了藏品給設計師設計。該套郵票最終榮獲「全年最佳郵票設計獎」。

　　有一次，香港著名巴士專家 Mike Davis 在網上與我聯繫。我覺得他非常友善，二人十分投緣，因此我樂意無條件地借出自己收藏的電車圖片給他。2005 年，我到倫敦公幹，Mike 相約我在肯頓市集（Camden Market，電影《窈窕淑女》曾在此取景）見面。他親自送給我他的 *Hong Kong Tramways 100 Years*，並在書上為我簽名（據說他從不在其作品上簽名）。

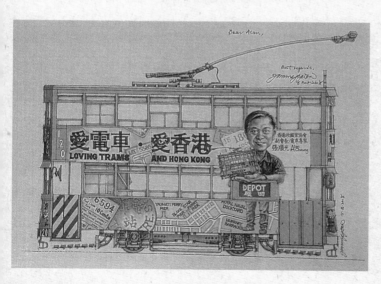

筆者的建築師朋友，以筆者的外貌和「愛電車．愛香港」為主題，繪畫了一幅電車車身畫作，送給筆者。

　　到了 2009 年 4 月，法國威立雅公司成功洽購九龍倉集團 50% 的電車股權。當天我接受了十多家報社和電視台的訪問。翌日，接近八成報章在頭版 A1 和次版 A2 報道了這新聞，可見電車在各方面都受到極大重視。同年 6 月，我應邀在鑽石山荷里活廣場舉辦了我的電車個人展，為期 14 天，約有 20 個展櫃的展品。展覽

期間，多家報社、雜誌社和電視台爭相前來訪問，其中《明報周刊》更在 Book B 刊登了篇幅達十多頁的特輯，並破天荒在短時間內重印，及後更出版台灣版。

2015 年，我與電車公司、零售商 Log-On 和日本 Traveler's Notebook 合作推出電車主題的文具產品，115 套限量版大全套在推出不久全數沽清，散裝也在短期內售罄。

2018 年，我與電車公司和 Jen Hotel 合作舉辦了「城西『叮叮』電車回顧展」和導賞團。同年，「文化葫蘆」邀請我提供電車圖片、撰寫文章，並安排了多場由我主持的電車導賞活動。

至 2024 年，天地圖書公司邀請柴宇瀚博士和我合作出版一本關於電車 120 週年紀念的書籍。我希望藉着出版這本書，分享過去三十多年我與電車結下的不解之緣，以及我的大量藏品。

我非常榮幸得到電車公司現任董事總經理 Mr. Paul Tirvaudey，前九龍倉旗下電車公司總經理、現任立法會議員（航運交通界）易志明先生 GBS, JP，於 1970 年出版的電車書籍先驅 Hongkong Tramways 的作者 Mr. Alan Williams，以及「文化葫蘆」創辦人吳文正先生四位賜序，在此謹表謝意！

這本書能夠付梓，得益於許多朋友的幫助，包括天地圖書副總編輯林苑鶯小姐、編輯部張宇程先生、蔡枳音小姐和設計師。此外，還有我的妻子梅女士，她協助設計了限量版藏書票。我同時也要感謝提供藏品給本書刊登的收藏家們！

研究和分享關於電車的資料和文獻，是我人生中一大樂趣，佔據了我大半生時間。香港電車不僅影響了我，也讓居於香港的人對這段光輝歷史讚嘆不已。

張順光

自序二

童稚時，我到香港島坐電車，覺得車速緩慢。但在緩慢的旅程中，為甚麼乘客總是面露笑容呢？樂也融融的家庭、兩情相悅的情侶、鶼鰈情深的夫婦，他們有說有笑，話題輕鬆，總是離不開歡樂之事。於是，我嘗試在電車中尋找歡樂。

以前收聽電台廣播，往往聽到以下的交通消息：「英皇道往太古方向開始有車龍，龍尾到船塢里……」、「戾臣道目前慢線封閉……」其中的「塢」字、「戾」字，就是家母常常耳提面命的字眼，要怎樣寫？要怎樣讀？不是抄，不是看，而是通過乘坐電車、留意站名、細看街道牌……自此，我將香港實景銘記於心，在電車中找到歡樂，一試難忘。

自小學起，我深知自己最感興趣的科目就是歷史科，於是開始穿梭香港不同角落，培養歷史觸覺，追溯歷史起源，其中一個部份就是電車。電車自 1904 年通車，但我追溯的起源不止於此。1880 年代初，定例局議員伍廷芳的大膽建議，才是我想得到的答案。他當時為了便民，提議在香港島鋪設路軌，籌辦山頂纜車和電車。在政府首肯下，山頂纜車在 1888 年通車，電車則延遲了十多年才開始鋪設路軌。伍廷芳當時的一個大膽建議，最終在 1904 年實現，時歷二十多年，爭取過程殊不容易。

電車經過 120 年的蛻變，由第一代單層電車，後來變成雙層；由雙層簡陋的車頂，及後變成綠色，車頂也漸趨堅固，成為現今中外人士熟悉的大致外觀。時至 21 世紀，千禧電車都以綠色為主體顏色，甚至在車廂安裝冷氣，見證電車服務不斷進步。

不少攝影師喜歡拍攝香港街景，沿途往往少不了一個主題——電車，尤其是雙層電車獨一無二的外型，成為香港街道歷史的重要「見證人」，也成為研究香港歷史重要的一部份。所以，在研究香港歷史的同時，自然也可以研究香港電車的發展，兩者互為配合。自此，我在電車中找到了歡樂。

去年盛夏，承蒙天地圖書邀請張順光先生和我出版電車的著作，為電車寫下珍貴的回憶。適逢 2024 年是香港電車誕生 120 週年，謹以此部著作，誠心祝願香港電車的歷史能夠薪火相傳。

是為序。

柴宇瀚

21

目 錄

序一　　戴弘博（Paul Tirvaudey）　　　　　　　　3

序二　　易志明　　　　　　　　　　　　　　　　10

序三　　Alan Williams　　　　　　　　　　　　12

序四　　吳文正　　　　　　　　　　　　　　　　16

自序一　張順光　　　　　　　　　　　　　　　　18

自序二　柴宇瀚　　　　　　　　　　　　　　　　21

第 1 編 香港電車發展源流

第 1 章 香港電車的由來　　　　　　　　　　　26

早在沒有電車之前　　　　　　　　　　　　　28

海外電車的盛衰　　　　　　　　　　　　　　34

第 2 章 香港電車發展歷程　　　　　　　　　　42

電車公司與員工　　　　　　　　　　　　　　44

• 香港電車公司的源流　　　　　　　　　　44

• 電車員工的福利與權益　　　　　　　　　54

電車巡禮　　　　　　　　　　　　　　　　　66

• 走過不同年代的電車　　　　　　　　　　66

• 經典的 120 號電車　　　　　　　　　　100

• 電車車身廣告　　　　　　　　　　　　108

第 3 章 電車路線與沿途風光　　　　　　　　118

路線與車站　　　　　　　　　　　　　　　120

西環　　　　　　　　　　　　　　　　　　128

中上環　　　　　　　　　　　　　　　　　136

金鐘與灣仔　　　　　　　　　　156

銅鑼灣　　　　　　　　　　　　170

東區　　　　　　　　　　　　　182

第 4 章 珍藏車票話當年　　　　　　192

第 5 章 電車車廠與電車車廂　　　　214

電車車廠：從羅素街到屈地街　　216

電車車廂結構　　　　　　　　　228

第 2 編 香港電車紀念品珍藏

第 1 章 電車週年紀念品　　　　　　240

香港電車通車 90 週年紀念（1994 年）　242

香港電車通車 100 週年紀念（2004 年）　250

第 2 章 藏品選萃　　　　　　　　　268

deTour Matters：電車空間的改造（2013 年）　270

電車全景遊（2016 年）　　　　　272

「『叮叮』去九龍」展覽（2017 年）　275

「港自遊」展覽與藝術表演（2018 年）　276

165 輛雙層電車的健力士世界紀錄（2021 年）　278

附錄　香港電車 120 年大事年表　　282

鳴謝　　　　　　　　　　　　　290

第 1 編
香港電車發展源流

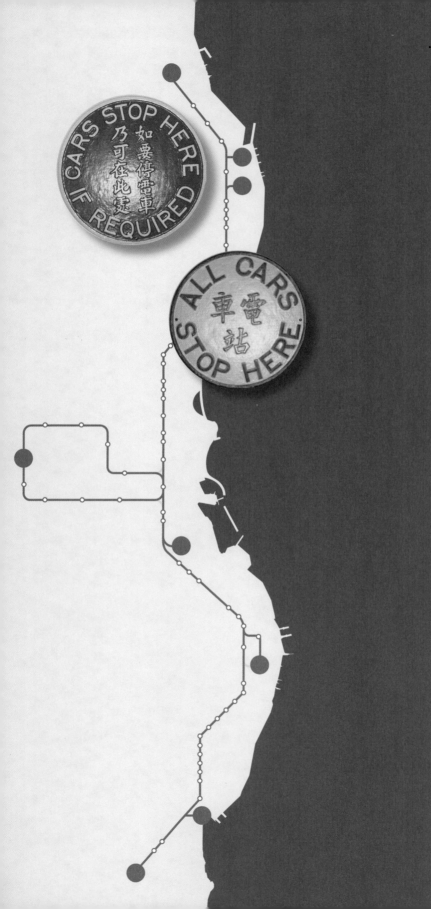

第 1 章

香港電車的由來

早在沒有
電車之前

　　香港開埠初期，人口只有約 4,000，陸路交通僅靠人力車、馬車、轎子等，而且設備簡陋，最多只能接載數名乘客。1850 年代以後，受太平天國事件等影響，南來香港的人數逐漸增多。直至 1880 年代，香港人口增至約 16 萬，陸路交通系統逐漸飽和。

　　1881 年 6 月 13 日，時任定例局（即如今的立法會）議員伍廷芳向政府大膽建議，在香港島填海，鋪設路軌，籌辦電車服務，其後議案獲得通過。在當時而言，這是一個嶄新的想法。伍氏希望建立一套集體公共交通系統，以多輛電車作為大型運輸工具，日以繼夜接載大批乘客往來，預計每小時能接載過千名乘客。

伍廷芳的議案獲得通過後，立刻開始籌辦工作。他在 1881 年 7 月 2 日提出草案，10 月再經定例局特別委員會審核。1882 年 2 月 9 日，香港政府頒佈《建築車路條例》，規劃六條電車路線，其中五條成為現今的電車路線，另外一條是山頂纜車路線，後者也獲得定例局議員兼香港總商會主席莊臣（Francis Bulkeley Johnson）和議。山頂纜車路線率先在 1888 年通車，電車卻延至 1904 年才投入服務。

兩者之所以相差 16 年，原因是住在山頂或半山區的多是外籍商人，他們只對興建山頂纜車產生興趣。所以在 1883 年 11 月 3 日，定例局修訂建築條例，決定於 1885 年先在山頂動工，並於三年後通車，而電車工程進度則一直停滯不前。由於住在西環，以至堅尼地城的多是華人，他們雖然都希望增設電車，但下情不能上達，他們又難與英國管治者直接溝通，所以還得靠伍廷芳這些華籍定例局議員協助爭取。

後來，不少香港商人和有識之士同心合力，爭取建立電車系統。直至 1901 年 7 月 15 日，《電車條例》草案首讀通過。8 月 29 日，政府頒佈《有軌電車事業條例》修正案，其後頒佈《1902 年電車條例》，電車系統終於有望付諸實行。

1903 年 5 月，香港開始鋪設電車路軌，以銅鑼灣和跑馬地的總站為港島東和港島西的分界線，分別向西（堅尼地城）及向東（筲箕灣）一直延伸。自 1904 年 7 月初起，電車經過多次測試後，最終在 7 月 30 日通車，路線由灣仔軍器廠街駛至筲箕灣。8 月 13 日，由堅尼地城至筲箕灣的電車路段全線通車，路軌全長約 16 公里（包括堅尼地城至筲箕灣，以及跑馬地路段），在港島北部接載市民往返。

1904年以前，香港電車尚未通車，人們以人力車、轎子等代步。圖中不少人力車和轎子在路上縱橫交錯，正在沿岸地區等待接載乘客。拉人力車和抬轎的人，都以華人為主，稱為「車伕」和「轎伕」。當電車、巴士等公共交通工具日漸普及後，人力車和轎子逐漸被取代，在1990年代尚餘少量人力車伕，現今已經在香港絕跡。

香港沒有電車之前，一種在山區使用的交通工具——山兜（sedan chair）。
其原理與轎子相近，但比較輕，易於在山區行走。圖中的轎伕估計正走上山
坡地段，看似輕鬆，實際上要花費很大力氣。

在 19 世紀，轎子是香港主要交通工具之一，一直至電車在 1904 年出現，
轎子才逐漸被取代，自 20 世紀起漸漸消失。此圖記錄了香港經典的一刻，
一頂頂轎子停泊在中環雲咸街右面的行車線，等待接載乘客。它們與左面
行車線的私家車對比，猶如時代演變的分界線。

從明信片上的英文描述「尚未填海的舊海旁」（Old Praya before the reclamation）來推論，拍攝此照片時香港尚未完全實行「海旁填海計劃」，這張應是 19 世紀末的相片。鏡頭前的兩名洋人正乘坐人力車在當年寶寧海旁地段（現今德輔道中至德輔道西一段）。

1922 年，英國的威爾斯親王（Prince of Wales）訪港，乘坐一頂八人轎代步，並在時任港督司徒拔（Reginald Edward Stubbs）的陪同下，途經中環遮打道。

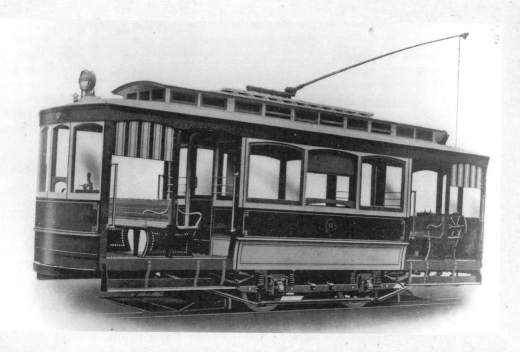

第一代電車

海外電車
的盛衰

　　電車主要分為兩種：一是有軌電車，二是無軌電車，香港電車是有軌電車的一種，從架空電纜供電，再跟軌道接載乘客。然而，最初的有軌電車是沒有通電的。約在 19 世紀開始，已有有軌電車的雛型，當時是依靠馬匹拉動的。在英國、美國、澳洲等地，都有類似的公共交通工具。

　　直至 1879 年，德國工程師西門子（Ernst Werner von Siemens）嘗試使用電力，以軌道推動車輛前進。西門子自設公司，設計全球第一輛有軌電車，時為 1881 年。而伍廷芳向香港政府建議使用電車的時間，同為 1881 年，可見伍廷芳甚有遠見。其後，世界各國包括俄羅斯、加拿大、美國、日本等都嘗試鋪設路軌，使用電車作為大型運輸工具，有軌電車自此在世界各地陸續普及。

　　自 1920 年代起，無軌電車因為可節省鋪設路軌的成本而漸漸興起，公共巴士也加入交通工具的服務行列。相比之下，有軌電車速度慢，在第二次世界大戰後逐漸被取代。如英國、西班牙等地就相繼放棄使用電車，轉而使用效率更高的鐵路。

　　香港現時是全世界唯一仍全數使用雙層有軌電車的地方，成為了香港的特色之一。電車既環保，車費又便宜，是值得保留的香港街道標誌。

　　電車可說是最早的集體運輸工具，影響了全世界的交通發展，它在世界各地逐漸消失實在令人感到可惜。唯獨香港仍然保留了電車，人們在 120 年後的香港，仍然可以享用電車服務。

英國曼徹斯特（Manchester）早在 1877 年已有電車服務，是為便宜的交通工具之一，直至 1949 年停止營運。明信片中有兩輛款式不同的電車。圖左的一輛是雙層電車，前往交易廣場（Exchange Square）；圖右的一輛是單層電車，前往奇塔姆山（Cheetham Hill）。

圖左前方的雙層電車停在利物浦（Liverpool）中央站（Central Station）前，
電車來往碼頭頂（Pier Head）和教堂街（Church Street）。尾隨有另一輛雙層
電車，以碼頭頂為目的地。

一輛雙層電車在蘇格蘭鴨巴甸（Aberdeen）聯合街（Union Street）駛過。聯
合街開闢至今超過 200 年，是蘇格蘭主要購物街。1874 年，政府決定開設雙層
電車，方便接載市民前往當地購物。圖中可見聯合街上人來人往，車水馬龍，
非常熱鬧。直至 1958 年，政府為了改善交通狀況，取消聯合街的電車服務，後
來更把部份道路開闢為行人專用區，以增加人流。

黑池（Blackpool）的電車車隊，分別前往蘭開夏郡（Lancashire）的克利夫利斯（Cleveleys）、弗利特伍德（Fleetwood）、遊樂海灘（Pleasure Beach）、斯塔爾門（Starr Gate）等不同地方。黑池電車與香港電車外形相近，都以綠色為主，但黑池的綠色電車分為單層和雙層，香港現時的綠色電車則只有雙層。

這張明信片顯示了三輛雙層電車。中上的一輛雙層開篷電車，正前往英國東南部的阿什福德（Ashford），那裏有大型購物商場。左下的一輛是半開篷式電車。右下的是較新型號的電車，車身有英國天然氣公司的宣傳廣告。部份電車仍使用車票，左上的圖片是一個入票箱，讓乘客將車票投進票箱內。右上的圖片是蘇格蘭格拉斯哥（Glasgow）市議會的徽章，最高的神像是格拉斯哥守護神，下寫「讓格拉斯哥蓬勃發展」。

電車的末日

倫敦自一九五〇年實施電車廢除計劃以來，分八個階段逐步進行，現在已去掉百分之七十。最後剩下的電車交通到去年四月五日封閉後段改成巴士，現述於下：……

○一九〇三年通車的古典電車，由當時威爾斯王子（當時英國王之子）持剪開幕，儀式隆重，為電車史上最重要一頁。

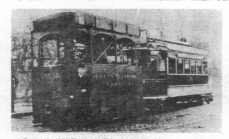

○倫敦人口眾多，交通擠塞，當時電車所經常鬧街，苦幹不來，明年要改觀，把報紙覆於其上，摩擦圖為倫敦電車之一景。

○最早駕駛電車乃頂層無蓋之電車，攝於一八四八年時，此圖為巴黎倫敦街道行駛。

○北倫敦電車公司於一九一四年時製駛，電車大職以後，巴士盛行，後始盛以電車，為蘇省賽伍。

從新聞報道的描述可見，倫敦自 1950 年起，分八個階段逐漸廢除電車服務。1922 年起，電車的載客量開始減少，愈來愈多人改乘巴士，故政府決定廢除電車。不少喜愛電車的人趕上倫敦最後一班電車送別，與電車一起合照，是為倫敦與電車的最後痕跡。

一輛單層電車駛過匈牙利布達佩斯（Budapest）。電車後方是匈牙利國家博物館，明信片右面有一個噴水池，名為馬提亞斯噴泉，於1904年建造。加上旁邊的馬車和騎兵在電車前來往，可知圖中描繪的大約是20世紀初的景象。

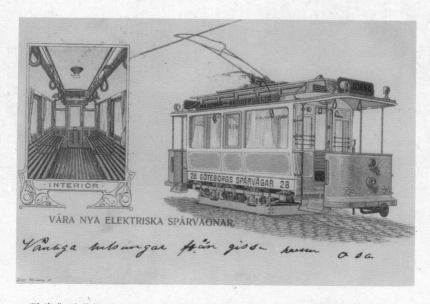

一張瑞典哥登堡（Göteborg）的單層電車圖片，顯示車廂的外貌和內部設計。哥登堡的電車早在1879年已開通，初時以馬匹拉動，後改以電力推動，是為北歐龐大的電車系統。

一輛單層電車在西班牙帕爾馬索列爾港（Port de Soller）駛過，電車乘客不多。
遊客坐在電車旁邊的茶座，享受悠閒恬靜的時光。

兩輛跟香港電車款式類似的新加坡有軌電車，與附近的人力車馬不停蹄地為市民服務。

外國的單層電車，與香港第一代電車的設計大同小異，特色之一是電車前後都沒有門。
從相片可見，乘客都穿上華麗服飾與電車合照，反映當時電車是較富裕的人才有機會使
用的交通工具。

第 2 章

香港電車
發展歷程

香港電車公司的源流

　　1901 年，香港政府頒佈《電車條例》後，意味電車系統的興建工程正式展開。1902 年 2 月 7 日，香港電線車公司（Hongkong Tramway Electric Company Limited）在英國倫敦成立，負責設計和製造香港電車、路軌、電力裝置等，並協助營運。同年 11 月 20 日，香港電線車公司被香港電車局（Electric Traction Company of Hongkong Limited）接管。

　　1910 年 8 月 5 日，香港電車局易名香港電車有限公司（Hongkong Tramway Company Limited）。1922 年 5 月 26 日，香港電車有限公司總部遷至香港，正式在香港成立，英文名稱改為 Hongkong Tramways Limited，中文名稱則維持不變，由怡和洋行（Jardine Matheson）持有主要股權。

1974 年，九龍倉集團有限公司（The Wharf（Holdings）Limited）收購香港電車有限公司，電車和天星小輪成為其旗下營運的公共交通工具。2009 年，九龍倉將一半電車股份轉售法國威立雅交通（Veolia Transport），次年再將餘下的一半股份賣給威立雅交通，威立雅交通現全資擁有香港電車有限公司。一個超過百年的品牌——香港電車，依然不變初衷，延續服務香港的使命。

Logos of HK Tramways　香港電車歷代標誌

1904

1974

1983

1986

1994

2004

2009

2014

2017

2019

香港電車歷代標誌

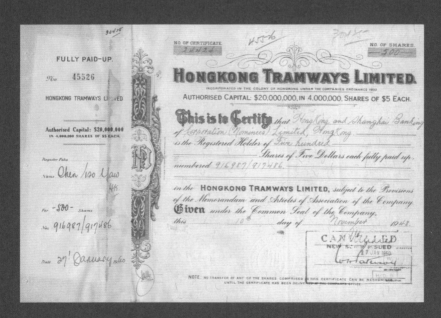

HONGKONG TRAMWAYS LIMITED

(Incorporated in Hong Kong)

No. 1468

CANAL ROAD EAST,
BOWRINGTON,
HONG KONG.

40

INTERIM DIVIDEND 1948.

Miss Heung Lan

13th September, 1948.

Interim Dividend of 55 cents per share in respect of the year 1948, on *100*

shares of $5.00 each held by you.

Dividend_____ $ *55*

Less Corporation Profits Tax at 10% $ *5.50*

Amount of Warrant $ *49.50*

    I certify that the tax on the Profits out of which the above mentioned dividend is paid, has been, or will be, duly accounted for by the company to the Inland Revenue Department, Hongkong.

W. H. PATERSON,

Secretary.

N.B.—Shareholders are informed that the Inland Revenue Department will accept this statement as proof of deduction of tax, and it should accordingly be carefully preserved. A charge of $1.00 will be made for each duplicate issued.

1948 年電車公司的中期股息收據，收據上印有日期、姓名、股息價值等資料。其時的股息為每股 5 毫 5 仙士。股東還需要繳交 10% 的利得稅。

1948 年 11 月的電車公司股票，股票上列明認購人士的姓名、認購日期、認購金額、編號、代理銀行等，以資識別。當時電車公司發行 400 萬股，每股 5 元。

HONGKONG TRAMWAYS LIMITED
(INCORPORATED IN HONG KONG)

No. **1571** · SHARP STREET EAST, HONG KONG

NOTICE OF 1961 INTERIM DIVIDEND

19th September, 1961.

To:

Ma Kam Li Esq.,
% Tai Sang Bank Ltd.,
50 Bonham Strand West,
Hong Kong.

Herewith Interim Dividend Warrant in respect of the year 1961.

Number of Shares	Total Dividend at 60 cents per Share
1,000	600.00

I certify that the above-mentioned dividend is payable out of profits which have borne or will bear Hong Kong Corporation Profits Tax at the standard rate prescribed by the Inland Revenue Ordinance of Hong Kong.

W. H. PATERSON,

Secretary

PLEASE NOTIFY ANY CHANGE IN YOUR ADDRESS

1961 年中期股息收據，顯示股息增至每股 6 毫。

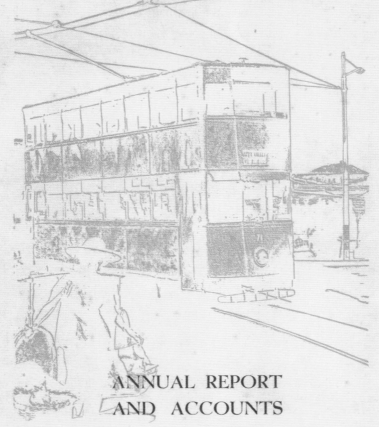

HONGKONG TRAMWAYS LIMITED

ANNUAL REPORT
AND ACCOUNTS

FOR THE YEAR ENDED 31st DECEMBER, 1965

電車公司年報。每年年報中都有大事回顧，列出電車公司過去一年的重要事件，是研究電車歷史的重要資料。每年的年報封面各有特色，例如：1965年的年報是手繪素描的電車圖；1968年的年報是電車和拖卡相片剪影；1971年的年報是一張三等車票。

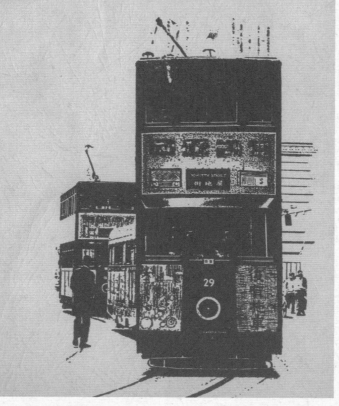

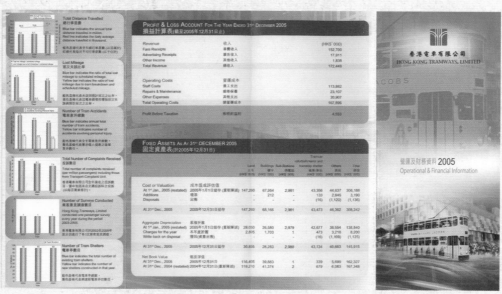

電車公司印製的營運及財務資料單張,以上分別為 1995 年及 2005 年,中英對照,列明電車公司的營運資料、固定資產、虧損與收益等。其中更列明班次失誤比率、電車意外總數、投訴數目等,以供參考。單張亦介紹當時電車的母公司九龍倉,以及旗下的天星小輪、香港隧道有限公司、停車場業務等,成為研究電車和九龍倉集團不可或缺的資料。

香港電車公司的各款員工襟章，部份印有公司標誌、「HKT」的公司簡稱；另有部份
列出職員職稱，幾乎等同一張工作證。第三行除了電車公司的標誌襟章，右為電車通
車 110 週年的特製襟章。

MODERN
tramway
and Light Rail Transit

September 1988

LRTA

IAN ALLAN

ISSN 0144 1855

issued jointly with the
Light Rail Transit Association

Vol. 51 No. 609

£1.15

Tramway developments in Hong Kong

T. V. RUNNACLES
Part 2: Hongkong Tramways Ltd

duction

trip on the Peak Tram is obligatory
every visitor to Hong Kong, the same
now be true of the electric street trams
ply the north shore of Hong Kong
. Not that this was always true; once the
ritish-type double-deckers would hardly
commanded a second glance from the
ge visitor. However, the passage of time
ndered these narrow-gauge four-wheel
-deckers unique (1), and Hong Kong's
are as much symbols of the city as are
ouble-deck buses in London or cable
n San Francisco. Hongkong Tramways
ecognises that its fleet is rather special,
as helped to promote the image of its
. Thus riders can opt to use ordinary
or ride on an open balcony tour-car, or
take a "*dim sum*" (buffet) tour on a
ularly ornate semi-open-top tram.

pany history

original proposal for a tramway system
ormulated in 1881 (2). We have seen
othing came of these plans apart from
eventual construction of the Peak
ay. However, a second tramway Bill
ntroduced in 1901 by J.Dalziell and,
ing the repeal of the original Ordinance
3, the new Bill passed into law as the
ay Ordinance of 1902, which remains
ce today, with some modifications,
er 107 of the Laws of Hong Kong. In
ary 1902, the Hong Kong Tramway
ic Company Ltd was incorporated in
nd. Before the year was out control
to the Electric Traction Company of
kong Ltd. In 1906, the original company
quidated and tramway operation was
over by the Electric Traction Company,
changed its name to the Hongkong
way Company Ltd in 1910. In 1922, a
ompany was formed to take over and
e the system under the present name
ongkong Tramways Limited (HKT).
ugh nominally an independent com-

pany, its articles of association stipulated that
the Chairman of HKT should be the
Chairman of the great trading house of
Jardine Matheson and Company, and in
practice the link between the companies was
strong. This remained the case until
December 1973, when HKT became a
wholly-owned subsidiary of the Hongkong &
Kowloon Wharf & Godown Company Ltd
(which changed its name in 1986 to the Wharf
(Holdings) Limited). Today, HKT is but part
of the company's Transport and Terminal
Group, which also includes the "Star" Ferry,
the Cross Harbour Tunnel, the Hong Kong
School of Motoring, the Ocean Terminal and
interests in container terminals, container
haulage and the air cargo terminal.

The development of the tramway

Tracklaying began in May 1903 to a gauge
of 1067 mm (3 ft 6 in), and the tramway
opened to traffic on 30 July 1904. Initially
services ran from Causeway Bay westwards to
Arsenal Street and eastwards to Shau Kei
Wan; a branch line served Happy Valley.
Shortly afterwards, upon completion of
complicated drainage works at Arsenal
Street, the service was opened westwards to
Kennedy Town. This network is substantially
the same today. The only subsequent
additions comprised lengthening of the
Happy Valley branch in 1914 and its further
extension to form a loop in 1922. Finally, in
1929, the Shau Kei Wan terminus was
relocated from the junction of Shau Kei Wan
Road and Chai Wan Road to the former's
junction with Kam Wah Street. Since 1929 the
operational network has hardly changed at
all, although turning loops have come and
gone, as has a depôt (at North Point), whilst
the single track with passing-loops that
characterised the line east of Causeway Bay
was all doubled between 1924 and 1948. In
recent years, road works and metro
construction have necessitated many
temporary and some permanent track

Above: Metro construction caused many tramway diversions in Des Voeux Road Central. Fossilised rails litter this December 1978 scene.

Centre: The surprise of 1979 was the creation of car 163 from the remains of trailer 1. The new car heads west along Queensway in early November 1979, immediately after entering service.

Below: The Happy Valley loop serves the racecourse, enabling this juxtaposition of tram and road-sign in Wong Nei Chong Road.
(T. V. Runnacles)

1988年9月，英國雜誌 *Modern Tramway and Light Rail Transit*
介紹香港電車，封面相片是經過太古城中心的香港電車。雜誌內
文介紹香港電車從1881年開始的發展歷程，另有其他電車公司
的資料，包括鋪設路軌的歷史。報道包括多張珍貴的香港電車歷
史照片，讓香港電車走向世界。

電車員工的福利與權益

　　不論是電車公司，還是其他行業，都會有資方和勞方。勞資通力合作，有助公司爭取盈利，員工也能安居樂業。遇到某些事件，有時勞資雙方或會立場不同，形成矛盾。以下透過過往電車公司員工的用品和相片，述說電車公司給予員工的福利，也回顧不少工作矛盾和歷史片段。

HONGKONG TRAMWAYS LIMITED
香港電車有限公司
Conditions of Service
服務條件

1957

J. H. W. SALMON
沙 文
Manager
經理

W. H. PATERSON
畢 打 臣
Secretary
秘書

Registered Offices:-   Sharp Street East,
註冊辦事處   霎東街

Bowrington, Hongkong.
寶靈頓 香港

Phone: 764321
電話 七六四三二一

This booklet is the property of the
HONGKONG TRAMWAYS LIMITED.

此手冊為香港電車有限公司之所有物

Name
姓名

Grade
等級

No.
號數   3204

Department
部門

Date joined
受僱日期   6. 5. 6. 呂 4 2

Rate of pay in   Min.
cents per hour   最少
新金每小時   Max.
以仙士計算   最多

Daily or Weekly
contract
按日式按週訂僱

CONDITIONS OF SERVICE

INDEX

Section	Page
1. Introduction	3
2. New Employees	3
3. References	4
4. Interviews with Manager	4
5. Interviews with Heads of Departments	5
6. Appeals	5
7. Guaranteed Day and Week	6
8. Basic Rates of Pay	7
9. Cost of Living Allowance	9
10. Definitions	10
11. Artisans	12
12. Overtime Rates	12
13. Pay Week	12
14. Holidays	13
15. Chinese New Year Bonus	15
16. Retirement Remuneration	16
17. Collection of Gratuities	18
18. Employees' Records	18
19. Working Foremen	19
20. Traffic Platform Staff–Time Allowances	19
21. Drivers	21
22. Watchmen	21
23. Employees under Training	21
24. Personnel on Daily Engagement	21
25. Interval between Shifts	22
26. Promotion	23
27. Trade Union Membership	24
28. Civil Disturbances etc.	24
29. Collections on Company Premises	25

1

服務條件目錄

第一節 緒言
二 新僱員
三 證明書
四 會見經理
五 會見部門主任
六 申訴
七 保障義務
八 底薪津貼
九 生活津貼
十 釋義
十一 技工補薪之計算
十二 逾時薪
十三 週薪之計算
十四 假期
十五 農曆新年酬金

第三頁

第十六節 退休金
十七 領取酬金
十八 員工記錄表
十九 營業部辦事員
二十 簽到簽退及行車時間表
二一 司機
二二 汽車司機之員工
二三 割線之員工
二四 按日僱用之工人
二五 上更相隔時間
二六 升級
二七 工會會員
二八 騷動
二九 在公司屋宇內徵收款項

第十六頁

1

1957年的電車公司員工手冊，內頁列明員工資料，包括：姓名、等級、職員編號、所屬部門、受僱日期等，還有服務條件目錄，包括：會見經理和部門主任、員工記錄表等。對員工來說，最重要的資訊是週薪之計算（證明以前不一定是出月薪，薪金甚至以「仙士」[cents]計算）、生活津貼、逾時補薪、農曆新年酬金等。

1930 年代的電車清潔女工，她穿起一套整齊的電車制服，準備清潔電車車廂。後方停泊了兩輛電車，全靠女工的努力，才能保持車廂清潔。

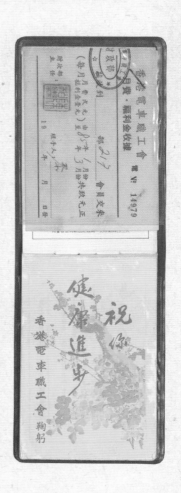

香港電車職工會建新會所紀念章（左）。香港電車職工會早
在 1920 年成立，當時稱作「香港電車競進會」。1948 年該
會與其他行業的 22 個工會組織為港九工會聯合會（簡稱「工
聯會」），同年 9 月易名「香港電車職工會」，名稱沿用至
今。這枚紀念章估計是 1948 年以後的產品。

香港電車職工會的記事簿（中及右），因為此簿表面是紅色
的，不少人戲稱是「紅簿仔」（當時銀行戶口的記錄簿也稱
作「紅簿仔」，當然兩者用途截然不同）。「紅簿仔」是車
長當年重要的筆記，可以寫下行車狀況。相中記事簿內有
1985 年的月費和福利金收據。

香港電車職工會

香港電車職工會 1.30

組織章程

會址：灣仔鵝頸橋寶靈頓道13號二樓

電話：722563

1967/4.

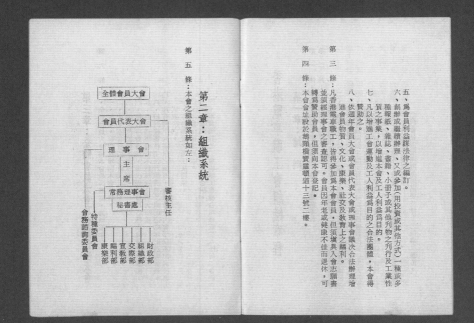

第二章：組織系統

第五條：本會之組織系統如左：

全體會員大會
會員代表大會
理事會
主席
常務理事會
秘書處
財政部
組織部
交際部
宣教部
福利部
康樂部
特種委員會
會務諮詢委員會
審核主任

第三條：凡香港電車職工，告得參加為本會會員，並須經理事會之審查認可。會員因年老或健康不佳而退休，可轉為贊助會員，但須向本會登記。

第四條：本會址設於鵝頸橋寶靈頓道十三號二樓。

五、為會員謀取群眾法律之編訂。

六、創辦或繼續辦理、又或參加（用投資或其他方式）一種或多種報紙、雜誌、書籍、小冊子或其他刊物之刊行及工業性質之事業，以增進本會及工人利益為目的之合法團體，本會得贊助之。

七、凡以增進工會運動及工人利益為目的之合法團體，本會得贊助之。

八、依週年會員大會或會員代表大會或理事會議決合法辦理增進會員物質、文化、康樂、社交及教育上之福利。

1967 年 4 月，香港電車職工會組織章程，封面印有會徽、會址和電話，背面有工人圖案，顯示工會代表工人階級，是當年常見的工會標記。章程內顯示工會的組織系統。

香港電車職工會各路線字軌時間表。不論是巴士迷還是電車迷都一定知道，「字軌」是巴士和電車的行內術語，意思是固定行走一條路線，其中規定出車的次序和時間。圖中這個時間表列出東西行方向、開車和收車時間，並有「補水」時間（即加班「開OT」）。

香港電車職工會

香港灣仔軒尼詩道475-481號十五樓A座

電話：2892 0093　傳真：2591 0201

****

凡屬電車公司員工，均歡迎參加電車職工會，當你成為電車職工會會員之後，你除了可享受工會各項福利之外，還可領取工聯咭，享受香港工會聯合會的各項福利，購物，進修，診病，旅遊等等，均可獲優先及優惠。例如：

* 獲發［工聯咭一張］可享受多元化優惠。
* 可優先報讀工聯業餘進修中心課程及9折優惠。
* 工聯優惠中心普通貨85折，電器95折。
* 工聯信用咭（包括金咭）首3年年費全免。
* 渣打信用咭首年年費全免，以後半費。
* 數百間商戶，百貨公司，特約醫生可享優惠。
* 協助調解勞資糾紛，解答勞工法例。
* 協助出席勞資審裁處聆訊。
* 免費辦理回內地結婚之婚姻狀況證明書。

歡迎加入【大家庭】

星　期　一　至　五					
SX					
	報到地點	上收	下報	收工地點	補水
1	06:39	東	10:59	14:53	19:06	東	0:33
2	06:42	東	10:47	14:42	19:11	東	0:34
3	06:44	東	10:53	15:22	19:22	東	0:09
4	06:47	東	10:53	15:14	19:43	東	0:35
5	06:51	東	10:58	15:19	19:37	東	0:25
6	06:52	西	11:08	15:20	19:32	西	0:28
7	06:53	東	11:03	15:12	19:13	東	0:11
8	06:55	東	11:04	14:50	19:20	東	0:39
9	06:56	西	11:12	15:08	20:04	西	1:12
10	06:59	東	11:08	15:06	19:35	東	0:38
11	07:01	西	11:16	15:24	19:35	西	0:26
12	07:03	東	11:14	15:02	19:30	東	0:39
13	07:06	西	09:53	14:34	19:47	東	0
14	07:07	東	11:18	14:46	19:15	東	0:40
15	07:10	西	09:58	14:16	19:28	東	0
16	07:11	東	11:24	14:32	19:01	東	0:42
17	07:14	西	10:03	14:13	19:24	東	0
18	07:15	東	11:29	15:11	19:39	東	0:42
19	07:18	西	10:07	14:08	19:29	西	0:10
20	07:19	東	11:35	14:55	19:25	東	0:46
21	07:10	西	10:12	14:44	19:42	西	0

1

△股東須知▽

一、本合作社之一切措施均依本合作社章程辦理。

二、每股股本五元。

三、每半年結算派息一次，派息方法依據本社發出股份總額及入股年月計算，派息時由管理委員會通知憑此摺領取。

四、轉移股份者，須攜回此摺交管理委員會密核註銷，另發新摺方爲有效。

五、遺失股摺者，須速到管委會報失並申請換領新摺。

派息日期	股款	每股派息	派息總數	經收人

當書部 六一五 號

文漢華 先生投佔壹股股本銀

港幣伍元正特發此股份摺存執

香港電車職工會

電車工人合作社 管理委員會

公元一九五○年拾貳月拾伍日發

1950年的電車工人合作社股摺，其中列明社員認購多少股份。當年每股價值5元，每半年派息一次。假設一名員工約有200元月薪，每股5元已是所值不菲了。

HONGKONG TRAMWAYS LIMITED
WELFARE CENTRE
NOT TRANSFERABLE

No. 1614
Name TSANG SHUN YAT
Born 11 4 1944
Relationship SON
Employee TSANG CHUNG WAH
No. T 1224

Bearer may 1. Attend Clinic
2. Participate in welfare
Centre Social Activities.
This pass will be cancelled
if misused.

香港電車公司福利會出入証
此証不得交給別人

第 1614 號
姓名 曾川乙羨   出生日期
關係 2
員工姓名
號數 T1224

持証人得在本會：

（一） 醫務所看病。
（二） 參加本會一切團體集會。
如濫用此証者將予取銷。

香港電車公司福利會出入證。其上有持卡人的相片、姓名、出
生日期、與員工關係、員工姓名、員工編號等。公司提供的福
利包括到醫務所看病，以及參與該會一切團體集會。證件列明
「不得交給別人」，即持有人才可以使用。

三等電車費十仙

香港電車有限公司

銅鑼灣 或 堅尼地城
或 筲箕灣 屈地街

個魚涌 者信館

名 圓 上環街市
或屈地街

符裝筲 銅鑼灣

此票在此車用

此票給人公規別交不須本司條行
而得給人公規

A. Y. & CO. 337. 300 1-47.

HONGKONG TRAMWAYS LIMITED.

Report from __Mr. Henry Chan__ Date, __5th Dec 1947__

N.B.—All Reports must be forwarded to the Traffic Superintendent before 9 a.m. each day. They Should always be as brief and concise as possible and include any explanation offered by the offender. The undermentioned particulars must be given fully in every case.

Car No. __66__ Conductor __849__ Route—From __West__ To __East__

Time __8.14 a.m.__ Motorman _____ Place where occurred __Wing Lok Street__

Joined at _____ Left at _____ Passengers { First Class _____ Third Class _____

To the Traffic Superintendent,—Sir
NATURE OF REPORT:— Squeeze case. (3rd Class.

I beg to report that when I joined the above car at Wing Lok Street on the above mentioned time to check the 3rd class tickets I found out one old ticket was inside the conductor's ticket pocket so I took it out and asked the conductor did he took back from the passenger or the passenger give to him, he only say excuse me, give me a chance.

The old ticket NO 9112 was issue out between W.St & S.Home.

The conductor's way bill reading was
W.St. S.Home. Last Number in his hand was
9110. 9118. 9138.

Signature __H. Chan__

TRAFFIC SUPERINTENDENT'S REMARKS.

Dismissed, security forfeited

GENERAL MANAGER'S REMARKS.

OFFICIAL'S REPORT

HONGKONG TRAMWAYS LIMITED

T. 34

Date _Sat day 12th Aug_ 196/

Route	Direction	Car No.	Plate No.	Motorman	Conductor
					1st Class / 3rd Class
19 T. to H.V.	East	143	A5		224

Joined Car		Left Car	
Place	Time	Place	Time
Queen's Strut	2.16 p.m.	Zee House Strut	p.m.

No. of Passengers		Place of Incident	Time of Incident
1st Class	3rd Class	Hillis Strut	2.30 p.m.
2	9		

| Section or Station | Designation |
| M. C. | Ticket Inspector |

Subject _"Issued children ticket to a teenage Scholar in Saturday afternoon."_

Sir

I beg to report that when I was checked the 1st class of the above car at the said place and time, I found a girl above 17 yrs showed me a children ticket No 5307 for inspection. I told her that it is Saturday afternoon and the Scholar card is not valid for use. I told her to pay 10 cents more to make a full fare. The conductor said that he forgotten that to-day is Saturday.

P.T.O.

IF NECESSARY CONTINUE OVERLEAF. Signed

員工間的矛盾時有發生，例如電車稽查員（行內稱「稽查」，即車務督察）和車長之間的爭執。昔日「稽查」的職責是以文字匯報行車時出現的各種狀況和意外，以作記錄。不過匯報內容中文字多寡、語言差異、描述內容等，與車長所想像和現場實況或有不同，自然會產生「公說公有理，婆說婆有理」的情況，令內部調查難度提高，這是電車公司內部鮮為人知的一面。

左為一張1947年稽查員以英文匯報三等電車內的檢控報告。因為車票問題而引起事端，後來由「稽查」向上級報告。當車長收到報告後，隨時會進行內部調查，了解行車狀況，建議車長處理突發事情的方式等，嚴重者會面臨懲處，甚至會被停職或革職。

需要注意的是，電車車長或乘客多用中文溝通，「稽查」每次能否以英文一字一句反映實況，實在存有疑問。

右為一張1961年的電車公司稽查員報告，以英文匯報車廂及行車狀況，報告列明頭等或三等電車的事項，並有電車編號，指出電車行駛事宜，其中狀況「多彈少讚」。

莊士頓無理除人真相

電車勞資糾紛特刊

香港電車職工會
保障職業生活委員會編印

一九五四年十月八日出版

（非賣品）

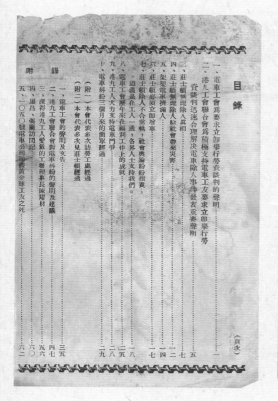

1954年，香港電車職工會以「莊士頓無理除人真相」為題出版特刊，記錄電車勞資糾紛的一幕。「除人」即解僱之意，意思是資方代表莊士頓無理解僱電車公司職員。勞方特別出版特刊，記載勞方要求進行勞資談判、了解解僱職員的來龍去脈，以及解決問題的辦法。從目錄可見，勞方指工人支持「電車鬥爭」，並得到各方支持為後盾，希望資方改變初衷。

電車巡禮

走過不同年代的電車

1904 年單層電車：頭等電車、三等電車

從 1904 年起，香港電車局展開 26 輛單層電車組裝工程，電車零件先由英國生產，再運到香港組嵌。電車分為 10 輛頭等（俗稱「西人車」），以及 16 輛三等（俗稱「華人車」），被視為第一代電車。

頭等和三等的分別，在於頭等中間部份是封閉式設計，載客 32 人，車費 1 角；三等中間部份則是開放式設計，載客 48 人，車費 5 仙士。自 1904 年 7 月 2 日起，經過連日在路面試車後，7 月 30 日正式舉辦通車啟動儀式。

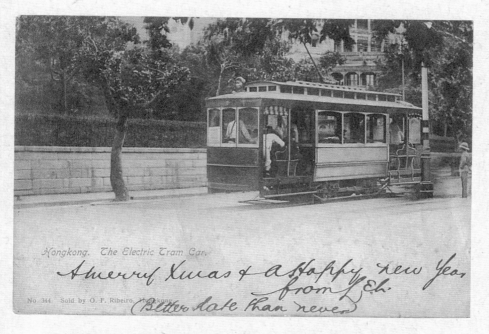

一輛第一代頭等電車駛經皇后大道東（現稱金鐘道）。與下圖的
第一代三等電車的取景位置相同，兩車對比，較少人乘坐頭等電
車，反映當時能夠負擔乘坐頭等電車車費的人，實屬少數。

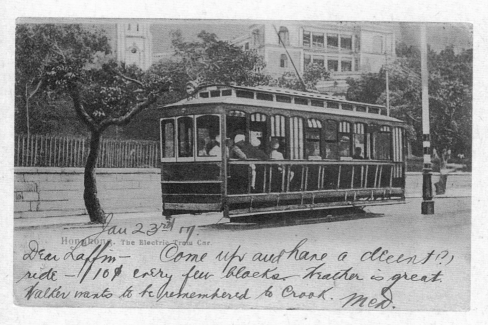

第一代三等電車，其車卡與頭等的一樣，都沒有安裝車門。不同
的是，三等電車設備較簡陋，而且載客量較多。

1904年9月，一輛三等電車駛過海旁。當時車廂的員工還紮着長辮子，與清朝人士的打扮相近，可見乘客以華人為主。

Des Veoux Road & Electric Car, Hongkong

1906年，第一代電車駛過中環德輔道中。當年路面車輛不多，尚未出現今天中環人車爭路的情況。當時電車的英文為 Electric Car，而不是 Tram。

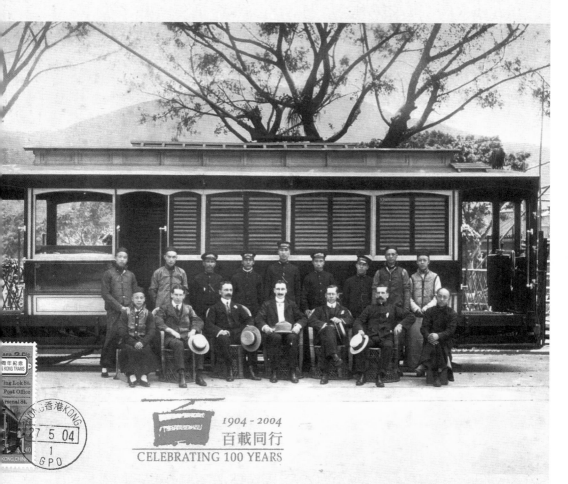

1909 年 4 月，電車公司時任總經理 Mr. J. Gray Scott 退休，與電車公司
經理、首席工程師和一眾電車公司職員，在第一代電車前合照。

1912 年開篷雙層電車

　　時至 1912 年，電車乘客不斷增加，電車
公司購入 10 輛雙層電車，由黃埔船塢（Hong
Kong and Whampoa Dock Company
Limited）製造，成為第一批香港製造的電
車，是為第二代電車。上層為頭等，下層為
三等，車頭設有樓梯上落，可載客 50 人。上
層雖被劃作頭等座位，但屬開篷式，沒有車
頂，不能為乘客遮風擋雨，所以雨天時上層
不接載乘客。

Near Marry Road Hongkong

1930 年代，第二代電車駛過金鐘道。第二代電車與第一代電車同屬戰前型
號，兩者不同的是，第二代電車是一輛開篷雙層電車，下雨時乘客隨時變成
「落湯雞」呢！

Queen's road east near arsenal, Hongknog

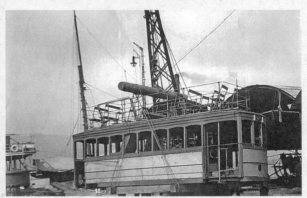

兩輛不同型號的電車駛經皇后大道東近英軍軍器廠。第一代電車（左）與第二代電車（右）正朝相反方向東西行駛。乍看第二代電車時，還以為有人們在電車上「僭建」呢！

一部開篷雙層電車放置在船上，從黃埔船塢駛過維多利亞港，前往銅鑼灣電車廠。其後不少雙層電車，都由黃埔船塢製造。

71

1913 年帆布頂雙層電車

　　1913 年，18 輛第一代電車增設樓梯和車頂座位，成為設施比較簡陋的上層，並加上帆布作為車頂，避免乘客日曬雨淋，成為第三代電車。但是香港颱風連年，電車的帆布容易被吹毀。於是在 1923 年增設木蓋頂電車，以便在雨天接載乘客。

約 1910 年代，一輛第三代帆布頂電車經過上環永樂街碼頭（三角碼頭）。圖右是碼頭沿岸，附近有不少工人往來，有的挑擔，有的以肩膊搬運貨物。電車左面有人力車接載乘客。

一輛第三代帆布頂電車駛過灣仔海旁東（現今的莊
士敦道）。可見電車左邊的沿岸景色，正是灣仔昔
日的弧形海岸，故名「灣仔」。

1925 年戰前電車

　　1925 年，六輛第三代電車被改裝成密封式電車，次年由香港電車公司自行製造新車，是一批全密封式的雙層電車，設有木製窗框，上下推拉的玻璃窗，大幅改動上層設計。不變的是，上層依然是頭等，下層是三等，劃分等級。坊間視之為第四代電車，又稱為「戰前電車」，是為今日電車的雛型。

1925 年出廠的新型全密封式電車（編號 82），外貌開始與今天所見的雙層電車相近。不同的是，圖中的電車在車身中間顯示目的地，有別於今天的電車在門邊顯示。

1930 年代，一輛前往堅尼地城的密封式電車正駛過上環。左右兩旁依舊是三、四層高
的唐樓，地下有各式各樣的直幡，推廣不同貨品。

1928 年至 1933 年間，電車公司共營運 25 輛單層巴士，圖中是
其中一輛，車身較後位置有指示牌顯示目的地。

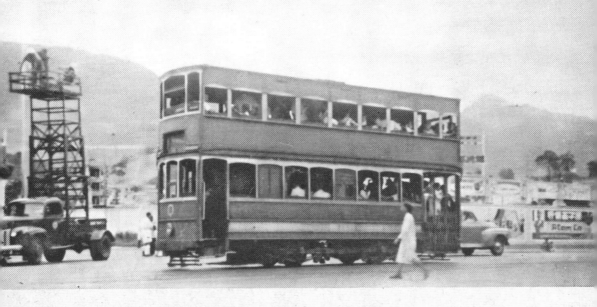

大約 1949 年，一輛 1925 年生產的電車停在銅鑼灣附近。車廂
內乘客眾多，部份乘客已站在車門旁邊。

日佔時期電車

（濟閱檢隊兵憲港香）

通 和 昭 東

日佔時期的香港，一輛電車正經過東昭和通（現今的中環德輔道中）。
日軍襲港期間曾暫停電車服務，在 1942 年 1 月才局部恢復行駛，街道
上一般人影稀疏。攝影師可以捕捉到電車經過時人頭湧湧的畫面，應
是等待了一段較長時間。

香港電車通りと二階付電車

① 日佔時期的明信片，圖中兩輛戰前雙層電車在中環德輔道中穿梭，圖右為馳名的安樂園西餐廳。此明信片是日軍政府用以記錄香港當時的環境，以及市民生活，向日本政府提供資料。

② 1942 年 12 月，日軍佔領香港一週年，一輛輛電車掛上日本旗幟作花車巡遊，駛過中環郵政總局，沿途不少途人圍觀。

1949 年戰後電車

　　香港重光後，電車受到戰火波及，加上多年
失修，所以電車公司重新設計電車，車身以柚木
製造，內部翻新不少零件，增加耐用程度，成為
1949 年出廠的戰後電車，被視為第五代電車。
現存的 120 號電車，是唯一一輛依然服務市民的
第五代電車。

1950 年代，途經中環德輔道中的電車正前往跑馬地。電車後的敍
香園，是香港昔日的著名粵菜館，也是香港餐飲業的「老字號」。
相中可見仍有乘客乘坐人力車。

1949 年 10 月首輛第五代戰後電車 120 號正式投入服務，是現存
唯一一輛第五代電車車款。相中的電車仿照 1949 年的車款，並
加以改良製造，是為仿古版 120 號。

12 號電車屬第二次世界大戰後的電車，1952 年出廠，在 1985 年
退役，其後被運往加拿大溫哥華世界博覽會，成為展品之一，是
香港電車的光輝一頁。

1964 年至 1982 年單層拖卡

香港人口不斷增多，電車公司在 1964 年起，陸續購入 10 節單層拖卡作測試，次年拖卡開始服務大眾。拖卡會附在指定的雙層電車之後，初期作頭等車廂之用。後來，電車公司再購入 12 節，即合共 22 節拖卡，並於 1972 年取消頭等座位，劃一收費。

然而，拖卡行車時嘈音過大，而且車廂內空氣不甚流通，溫度甚高，乘客在夏天時常感到悶熱。加上東行的拖卡走不上太古船塢（太古城現址）一段的斜路，作用大減，使拖卡只能來往堅尼地城至北角的路線。所有拖卡於是在 1982 年 5 月退役。

當看到康樂酒樓的廣告牌，就可知這裏是中環德輔道中。圖中數輛電車正駛過該處，其中一輛是單層拖卡。以電車使用拖卡來推論，相片約攝於 1960 年代。

此張 1960 年代的月曆相片，記錄一輛綠色的雙層電車與灰色的單層拖卡，駛過
金鐘道的一刻。昔日的最高法院（終審法院現址）前的舊木球會尚未搬遷。

一張 1960 年代的黑白照片，記錄電車與拖卡從上環干諾道西轉入急庇利街。
旁為陸海通旅館（右）。

電車與拖卡停在有蓋的電車站前

1970 年代，政府為了興建地下鐵路，拆卸了中環的第三代郵政總局，附近一帶
相繼興建各座大廈，其中一座就是圖中的置地廣場，當時只是一個地盤。路旁
的市民正在等候電車。為了增加載客量，電車在 1965 年起加設拖卡。不過，由
於嘈音太大，被不少居民投訴，電車公司於是在 1982 年取消拖卡。

前往跑馬地的電車，配有拖卡，駛經中環德輔道中的中國銀行大廈。昔日的電
車車身同時會有不同的廣告，例如此電車車頭的標準牌、嘉華銀行等；左邊車
身則有保濟丸、開利冷氣。車頭可見「後有拖車」等字。

帶着拖卡的電車駛過德輔道中顯利大廈（Henry House）前的電車站。
相中可見當年的電燈柱還是黑白相間的模樣。

電車與拖卡經過中環東亞銀行前的電車站。拖卡上的廣告是中華牌鉛筆。

千禧電車至今的特色電車

　　踏入 2000 年，電車公司推出三輛電車「千禧電車」（Millennium Tram），在香港設計，是為第六代電車。車身以鋁合金製成，令電車更堅固，更耐用。同時，電車公司開始部署設計電車的冷氣系統，希望為乘客提供一個更舒適的旅程，但受眾多因素影響，例如：電車耗電量高、加價等，未能立即落實。

　　2011 年，電車公司推出第七代電車，原擬設計成為冷氣電車的 171 號千禧電車，被翻新成為第七代電車，結合鋁合金車身，其後安裝實時定位系統，引入實時電車到站功能，增強電車效率，方便乘客出入。加上嶄新的車廂設計，以及傳統車身的綠色外觀，使電車新舊合一。

　　科技發展一日千里，冷氣技術也不例外，令耗電量大減，符合電車用電量，所以在 2014 年，電車公司推出一輛空調電車，編號為 88 號，依然保留開放式車窗，以便調節車廂溫度和保持空氣流通。88 號電車 2016 年開始投入服務，車費維持不變。

2000 年推出三輛「千禧電車」，編號為 168 號、169 號和 170 號，
圖中為其中一輛。

這輛既保留傳統綠色外型、又與現代內部設計互相結合的 168 號電車,被改裝成第七代電車,車身有 1904 年印章,表示香港電車通車年份。2011 年 2 月 17 日,新 168 號電車正式面世試行,11 月 28 日,為此新設計的電車舉行啟航儀式。

2011 年 11 月 28 日，電車公司舉行新型鋁製電車啟用儀式，相中為其中一輛新舊混合的電車。筆者張順光自製紀念封，蓋上當日郵政局郵戳。

慶典電車

1910年5月，英王愛德華七世（Edward VII）駕崩，其子佐治繼位，是為佐治五世
（George V）。1911年6月，佐治五世繼位加冕，第一代單層電車被裝飾成花車巡
遊慶祝，下圖是張燈結綵的皇后像廣場。

1935 年是英王佐治五世登基銀禧週年紀念。當時雙層電車特別掛滿燈泡,車身標有「1910 SILVER JUBILEE 1935」等字句,巡遊慶祝,車身閃閃生輝,璀璨奪目。

1977年，香港電車為慶祝英女王伊利莎白二世（Elizabeth II）登基（1952年）銀禧紀念，特別安排一輛電車巡遊慶祝。

派對電車

車廠內的 28 號電車。1986 年，電車公司改裝了第一輛以綠色為主的 28 號古典派對
電車，並命名為 Albert。電車上層為半開篷式，配以銅閘，外型懷舊別致。

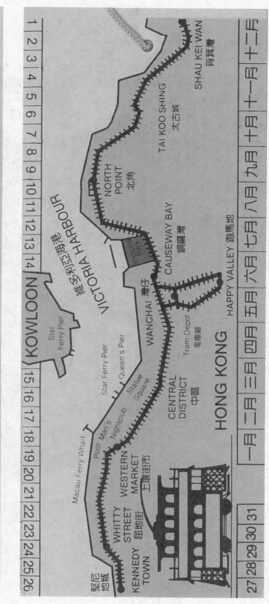

派對電車紀念票上印有 28 號電車

被命名為 Victoria、紅色主色的 128 號電車,是另一輛古典派對電車,1987 年由舊電車改建而成。上層以「半開篷式」示人,可供私人租用,舉辦派對和聚會。相中的 128 號電車途經灣仔莊士敦道龍門大酒樓(2009 年結業)。龍門大酒樓曾是灣仔著名地標之一。

旅客正在 128 號電車上開派對

經典的 120 號電車

　　120 號是香港電車公司 **160** 多輛電車中唯一一輛舊式電車（現存唯一一輛第五代電車），仿照 **1949** 年的車款製造，車上使用的英國機械式控制台（現時的是電子式控制台）、木製窗框、鎢絲燈、上層的藤椅，都是此車廂獨特之處。它更設有售票員座位（位於樓梯旁，**1982** 年取消售票員制度）。現時售票員的職責已被錢箱和八達通機取代。

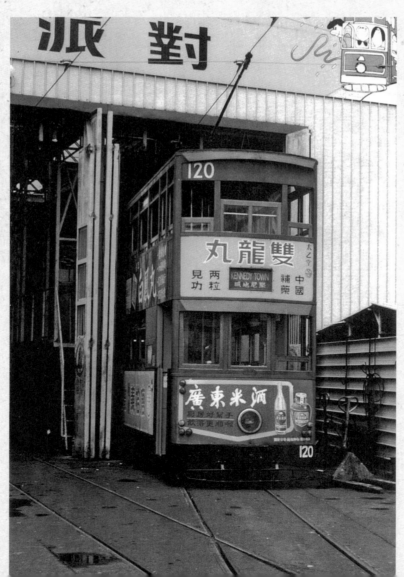

停泊在屈地街電車廠的 120 號電車。從 120 號電車回顧電車廣告：
昔日的電車廣告，多以中文為主，而且多是一些「老牌藥廠」廣告，
顏色以紅、黃、藍三原色為主。

1990 年代的仿古 120 號電車。電車公司曾經與不同公司合作，寫下香港廣告史的一頁。圖中的電車車身有不少舊式廣告，包括運動品牌、藥廠、米酒，甚至有現今已被禁的香煙廣告。

120 號電車西行，駛過銅鑼灣高士威道。電車左邊是維多利亞公園，右邊是
皇仁書院和尚未興建的中央圖書館位置。

120 號電車走過堅彌地城海旁。堅尼地城又稱「堅彌地城」，因為當年音譯
不同，有「尼」和「彌」的分別，其實是指相同的地方。

103

120號電車身處屈地街車廠,拆掉舊有的廣告板,準備換上新廣告。原來第五代電車換廣告板,幾乎要「剝皮拆骨」。我們可以從相片回顧這經典的一幕。

① 120 號電車內

② 昔日的電車有售票員，為乘客購票。自 1970 年代中起，電車陸續改用錢箱，電車上的售票員一職被淘汰。自 1990 年代末，在電車上加裝八達通機。

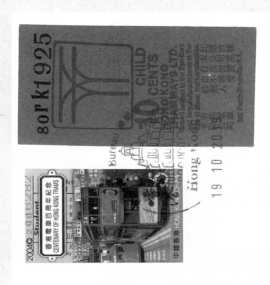

70th Anniversary of Tram No.120

19th October, 2019

2019 年，適逢 120 號電車誕生 70 週年，筆者張順光自製多款紀念封，貼上郵票再蓋印，成為獨特的收藏品。

電車車身廣告

1920 年代前後，一輛第三代木蓋頂雙層電車駛過金鐘木球會。電車上有「三井洋行」的廣告，相信是最早出現的一批電車車身廣告，只有文字宣傳句。日本三井洋行早在 19 世紀末已在香港開設分店，當時經營樟腦銷售和糖業，後來業務拓展至台灣地區。電車上的廣告「森永朱咕叻」，應是 1899 年成立的日本品牌森永出產的巧克力。廣告反映出三井洋行與森永是合作夥伴，可算是研究在香港經營的日本企業的史料之一。

1960 年代，一輛接一輛電車停在中環德輔道中舊中國銀行大廈和滙豐銀行總行前，正在等候上落客。電車車身上有各類型的廣告，包括成藥、廁紙、電器等，都是居民的日常生活用品。

1960 年代，電車車身上的美國香煙廣告。以前的廣告都是結合簡單文字和圖片或插圖而成，務求儘快獲得宣傳效果。圖右有兩個停車收費錶，俗稱「老虎錶」。

1970年代，電車車身上原是海運大廈、香港酒店及海洋中心的廣告，人們在車身拉上「一石會」的歡迎橫額，以作宣傳。「一石會」是日本的社會福利公司，分公司遍佈不同國家和地區。

1970 年代，一輛輛電車駛過舊中國銀行大廈。圖左是拱北行（Beaconsfield House），曾經是政府新聞處辦公室所在，現為長江集團中心。當時不少電車車身均會掛上日資公司品牌的廣告，相中前面的電車車身有電話清潔服務廣告，這個行業現今已被淘汰。

① 電車車身上的黃頁廣告。現今很多年輕人或許不懂得甚麼是黃頁。自19世紀開始，黃頁是不少國家和地區使用的電話名冊，記錄該區的所有電話號碼，方便市民查閱。黃頁是本實體書，由於封面以黃色印刷，故稱「黃頁」。

② 東西行線的電車擦身而過，在莊士敦道龍門大酒樓的招牌下駛過。昔日的街道霓虹燈與招牌林立，是不少人眼中熟悉的香港。而相中的電車車身廣告有丹麥牛油、檀香皂、花生等生活用品和食物。

QUARTZ
海運商場
中南銀行
英婦科
中國皮
41
33
丹麥金庄高級牛油
鮮牛乳製成 品質最高級 營養最豐富
總代理
大昌貿易行
5-261111
CAUSEWAY BAY
銅鑼灣
京香樓
北京菜
蜂花檀香皂
檀香香味
文雅濃郁
堅實耐用
英美珠石玉器
洋服
酒
樓

電車公司在 1994 年及 1995 年舉行「最受歡迎電車車身廣告比賽」，拍攝各輛電車車身的廣告，當中有傳統品牌、外國品牌、香煙廣告等。

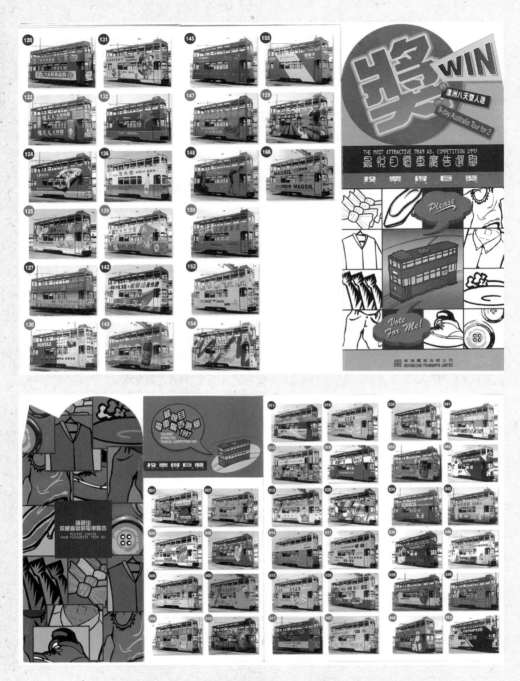

1997年，電車公司舉辦「最悅目電車廣告選舉」，挑選了數十輛電車車身廣告，並印製投票表格，給予公眾投票，選出心目中最喜歡的電車廣告。投票者有機會得到豐富獎品，頭獎是澳洲八天雙人遊，非常吸引。

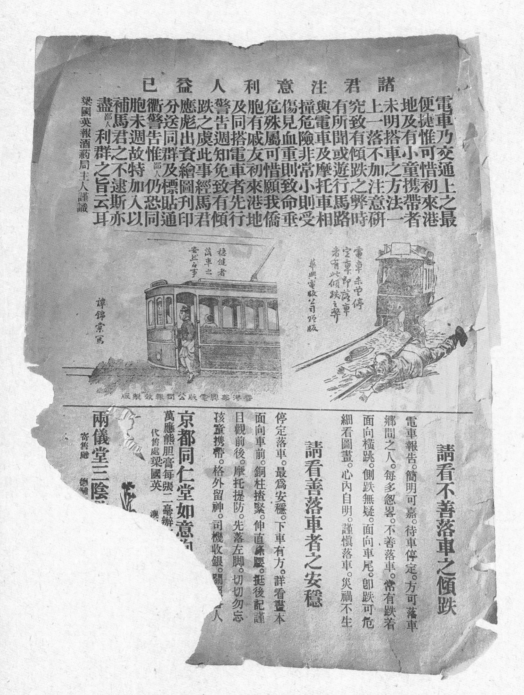

另類電車廣告。此頁廣告刊於 1920 年的《警世良箴》，教導讀者如何安全地上落電車，否則很易跌倒。細心留意此非電車公司的教育廣告，而是由一些藥局店舖刊出，可謂曲線宣傳。

第3章

電車路線與沿途風光

路線與車站

　　120 年前，電車開始穿梭港島北岸，由堅尼地城開始，一直由西至東，延伸服務至筲箕灣。其間，電車公司設計各式各樣的實體「產品」，包括：指示牌、路線圖等，最初是讓乘客知悉電車前往的目的地、沿途車站等的「必備工具」，後來，路線圖被網絡地圖取代，不少「產品」現已成為收藏家的藏品。

　　在眾多電車公司的「產品」之中，普羅大眾比較容易接觸到路線圖。不論是香港市民，還是世界各地的旅客，都曾看過不同版本的路線圖，甚至曾經手執一份路線圖「穿州過省」，遊覽香港島各地名勝。

路 程 指 示 牌

1 →	PRIVATE HIRE 用租人私		
2 →	SAI YING PUN 盤營西	11 →	CAUSEWAY BAY 灣鑼銅
3 →	CENTRAL 區中	12 →	WAN CHAI 仔灣
4 →	DEPOT 廠回	13 →	VICTORIA PARK 園維
5 →	NORTH POINT 角北	14 →	QUARRY BAY 涌魚鰂
6 →	KENNEDY TOWN 城地尼堅	15 →	SAI WAN HO 河灣西
7 →	HAPPY VALLEY 地馬跑	16 →	№8 TYPHOON SIGNAL HOISTED 訊颱號風
8 →	SHAUKEIWAN 灣箕筲	17 →	⌐3 STRONG WIND SIGNAL 訊強號風
9 →	WHITTY STREET 街地屈	18 →	NO RACES TODAY 停暫馬賽日是
10 →	WESTERN MARKET 市街環上	19 →	PRIVATE 用私

貼在電車駕駛位置上方的路程指示牌，由 1 至 19 號排列而成，代表電車的目的地或狀態。目的地由堅尼地城至筲箕灣；還有一些比較特別的指示牌，包括：私用、私人租用、颱風訊號、是日賽馬暫停等。其中，颱風訊號指示牌通常在夏季和秋季使用，但賽馬暫停的指示牌則與現今有所不同，昔日賽馬通常在星期六舉行，現今多數在星期三和星期日舉行。另一特色是以往指示牌上的中文是從右至左寫的。

香港
電車有限公司

路線圖
及
時間表

辦事處：香港賽靈頓街

電話：74321

非賣品

開車出廠及回廠時間

電車一自車廠開出後卽開始載客至
同廠首次發車至末車載往下列各站時間：

首次上環街市　　上午五時四十五分
首次昂船地街　　上午五時四十五分
首次北角　　　　上午五時三十五分
首次跑馬地　　　上午五時四十五分
首次堅尼地城　　上午五時四十五分

末次電車各省下列各點開回車廠時間：

末次上環街市　　上午零時三十五分
末次北角　　　　上午零時三十五分
末次跑馬地　　　上午零時四十五分
末次堅尼地城　　上午零時四十五分

電影院

本公司電車通告行駛近低下列各電
影院。每座電影院附近各線在站路線圖之位置
用以指示等候在之位置

A　金陵　　　　L　東方
B　太平　　　　M　國泰
C　國民　　　　N　環球
D　高陞　　　　O　國際
E　新世界　　　P　利舞台
F　皇后　　　　Q　京華
G　娛樂　　　　R　新華
H　金城　　　　S　樂宮
I　璇宮　　　　T　樂都
J　金陵　　　　U　都城
K　香港

車資

乘客須憑票或憑照行給票，未於車下車者
均將車資向售票員取回車費。凡付車資一次行程
之用，自事車發出之車票祇限乘往較車一次所行程
之用。

項　　等　　費

頭等　　　　壹毫

三等　　　　貳毫

壹等　　　　童費

免費

童費

有任何電車站之終點
車上所標明之上落位停
佔一座位者

三歲以下小孩而不
三歲以下小孩而不佔位者

軍人票：凡穿著制
服之軍人或憲兵入
（包括香港政府憲兵隊）
及警察軍警機軍人票

遺失物件

凡有乘客於本車遺失或遺留物件未能尋
而須以電話查詢或領遺物者請電話74321同賽東街
電車公面或領事處電處設法

凡有乘客向本公司辦遺告有關物件未能尋
件之車及將物件交而其遺物可能將以物鐵有關之電
車運行來及乘員而將來調查行面方同子本公司以以實

時間表得隨時更改而另行通告
經理　C. S. Johnston 啓

一九五四年八月　日

行程

下列各線之電車每日每隔兩分鐘或
三分鐘由該地點發出：

(一)堅尼地城與上環街市線—6.5/8哩
車程時間約需四十分鐘
(二)北角與昂船地街線—4.7/8哩
車程時間約需三十六分鐘
(三)跑馬地與堅尼地城線—4.7/8哩
車程時間約需三十四分鐘

首次及末次開車時間

行程	首次	末次
(一)筲箕灣至上環街市 至上環街市至筲箕灣	上午六時十五分	下午十一時四十分
	上午六時十五分	上午十一時四十五分
(二)北角至昂船地街 至昂船地街至北角	上午五時五十分	下午十一時四十分
	上午六時十分	上午零時十分
(三)跑馬地至堅尼地城 至堅尼地城至跑馬地	上午六時十分	下午十一時廿五分
	上午六時四十分	上午零時五分

中英對照的電車公司路線圖和時間表，1954 年印製，同年 8 月推出，當時以「非賣品」形式送出。此圖表為普羅大眾提供鋼鑼灣至筲箕灣東街電車廠的地址和電話，並提供車資、遺失物件的處理方法等資訊。當中也列出電車最早出勤及最後回廠時間，以及全程車程所需時間，供市民參考。

CINEMA THEATRES
(SERVED BY THE COMPANY'S TRAMCARS)

- A — KAM LING
- B — TAI PING
- C — RAY
- D — KO SHING
- E — CENTRAL
- F — WORLD
- G — QUEEN'S
- H — KING'S
- I — RIALTO
- J — GOLDEN CITY
- K — GRAND
- L — ORIENTAL
- M — CATHAY
- N — GLOBE
- O — NATIONAL
- P — LEE
- Q — CAPITOL
- R — HOOVER
- S — ROXY
- T — EMPIRE
- U — METROPOLE

FARES

FARES ARE TO BE PAID TO THE CONDUCTOR UPON DEMAND, OR TENDERED TO THE CONDUCTOR BEFORE LEAVING THE CAR. THE FARE PAID MUST BE OBTAINED FROM THE CONDUCTOR IN ALL CASES. TICKETS ARE ONLY VALID ON THE CAR ON WHICH AND FOR THE JOURNEY DURING WHICH THEY ARE ISSUED.

	1ST CLASS	3RD CLASS
FROM ANY POINT ON THE TRAMWAYS TO THE TERMINUS INDICATED ON THE TRAMCAR	20 CENTS	10 CENTS
CHILDREN UNDER 3 YEARS AND NOT OCCUPYING A SEAT	FREE	FREE
MILITARY TICKETS: MALE AND FEMALE MEMBERS OF ALL BRITISH ARMED FORCES (INCLUDING THE HONGKONG DEFENCE FORCE) AND MEMBERS OF ST. JOHN'S AMBULANCE BRIGADE ARE ENTITLED TO MILITARY TICKETS WHEN TRAVELLING IN UNIFORM.	10 CENTS	10 CENTS

LOST PROPERTY

ALL INQUIRIES FOR PROPERTY LOST OR LEFT ON TRAMCARS SHOULD BE MADE AS SOON AS POSSIBLE AFTERWARDS IN PERSON OR BY WRITING TO THE COMPANY'S OFFICE IN SHARP STREET EAST OR BY TELEPHONE NO. 74321.

IN ALL COMMUNICATIONS RELATING TO LOST PROPERTY AND TO COMPLAINTS AGAINST STAFF, THE TICKET ISSUED TO THE PASSENGER SHOULD BE ENCLOSED WHENEVER POSSIBLE. THIS ENABLES POSITIVE IDENTIFICATION TO BE MADE OF THE TRAMCAR AND STAFF INVOLVED AND GREATLY FACILITATES ANY INVESTIGATION.

TIME-TABLES ARE SUBJECT TO ALTERATION WITHOUT NOTICE.

C. S. JOHNSTON
MANAGER

HONGKONG, AUGUST 1954.

SERVICES

CARS RUN EVERY TWO OR THREE MINUTES THROUGHOUT THE DAY BETWEEN THE FOLLOWING POINTS:—

1. SHAUKIWAN TO WESTERN MARKET — 6.5/8 MILES—SINGLE JOURNEY TIME IS ABOUT 40 MINUTES.
2. NORTH POINT AND WHITTY STREET — 4.7/8 MILES—SINGLE JOURNEY TIME IS ABOUT 36 MINUTES.
3. HAPPY VALLEY AND KENNEDY TOWN — 4.7/8 MILES—SINGLE JOURNEY TIME IS ABOUT 34 MINUTES.

TIMES OF FIRST & LAST CARS

		FIRST	LAST
1	SHAUKIWAN TO WESTERN MARKET	6.15 A.M.	11.40 P.M.
	WESTERN MARKET TO SHAUKIWAN	6.15 A.M.	11.45 P.M.
2	NORTH POINT TO WHITTY STREET	5.50 A.M.	11.40 P.M.
	WHITTY STREET TO NORTH POINT	6.25 A.M.	12.10 A.M.
3	HAPPY VALLEY TO KENNEDY TOWN	6.00 A.M.	11.25 P.M.
	KENNEDY TOWN TO HAPPY VALLEY	6.40 A.M.	12.05 A.M.

CARS TO & FROM DEPOT

CARS ARE IN SERVICE AND WILL CARRY PASSENGERS FROM JUST AFTER LEAVING THE DEPOT UNTIL JUST BEFORE THEY RE-ENTER DEPOT.

DEPARTURE TIMES FROM DEPOT OF FIRST CARS TO:—

SHAUKIWAN	5.45 A.M.
WESTERN MARKET	5.40 A.M.
NORTH POINT	5.30 A.M.
WHITTY STREET	5.45 A.M.
HAPPY VALLEY	5.45 A.M.
KENNEDY TOWN	5.45 A.M.

DEPARTURE TIMES OF LAST CARS RUNNING TO DEPOT FROM:—

SHAUKIWAN	12.25 A.M.
WESTERN MARKET	12.25 A.M.
NORTH POINT	12.45 A.M.
WHITTY STREET	12.15 A.M.
HAPPY VALLEY	12.40 A.M.
KENNEDY TOWN	12.00 MIDNIGHT

HONGKONG TRAMWAYS LIMITED

ROUTE MAP AND TIME TABLE

REGISTERED OFFICE

SHARP ST. EAST

BOWRINGTON

HONG KONG

PHONE 74321

NOT FOR SALE

S.C.M.P. 100M 7.54

堅尼地城總站

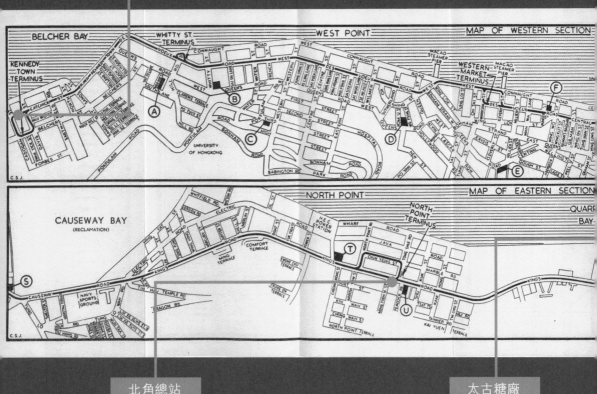

北角總站

太古糖廠

電車路線圖的另一面，上方列出由堅尼地城至跑馬地的地圖（Map of Western Section）。當時堅尼地城稱為 West Point，中譯是「西角」，即香港島以西沿岸一帶，與現今所指的西環位置相近。圖中可見中環至跑馬地馬場一帶昔日的地方，包括：金鐘的皇家海軍船塢、添馬艦、美利兵房等。銅鑼灣則以「東角」（East Point）稱呼，即今日銅鑼灣東角道一帶的位置，附近以特大字母標示霎東街車廠（Tram Depot）和跑馬地總站的位置。有趣的是，當時路線圖上以大寫英文字母標示不同戲院及其位置，包括著名的高陞（D）、皇后（G）、國泰（M）等，可見到戲院看電影是當時香港市民的主要娛樂。

美利兵房　皇家海軍船塢　添馬艦　霎東街車廠

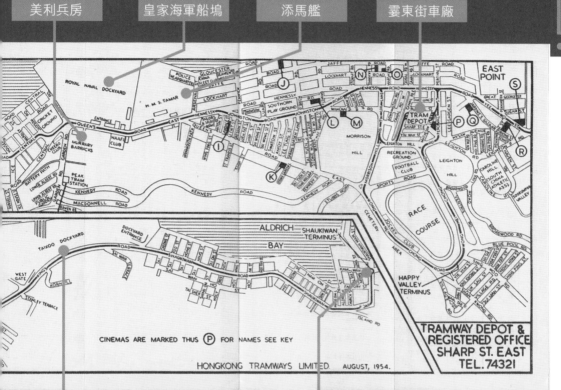

太古船塢　筲箕灣總站

　　電車路線圖下半部，是由東區的銅鑼灣至筲箕灣的地圖。圖中可
見昔日的太古糖廠（今日太古坊一帶）和太古船塢（今日太古城
一帶）。當年的愛秩序灣尚未填海。電車公司同樣以較大的英文
字顯示北角和筲箕灣電車總站的所在位置。

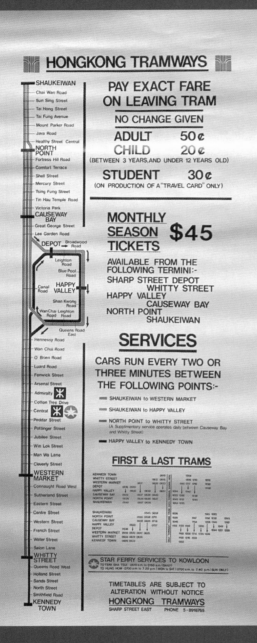

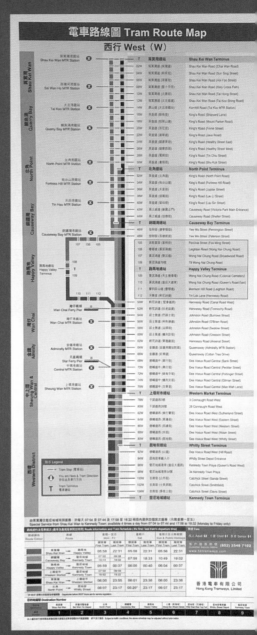

1980 年代起至今（左起）的電車路線圖演變

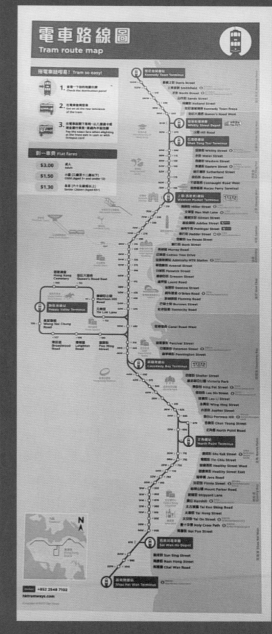

西環

　　電車（西行線）的總站設於堅尼地城，從西至東帶領乘客走進香港島北岸，沿途經過西環一帶。當地以華人居住為主，開設了糧、油、米、蔘茸海味等不同的商舖，一應俱全。這一帶至今仍保留這種風貌，充滿懷舊色彩。我們乘坐電車經過西環的時候，只要打開窗戶，清風送來陣陣海味氣味，幾乎可以憑着這股獨特的氣味，辨別所在位置。

　　電車駛過德輔道西，沿途建築充滿華人風格，三、四層高的大廈，保留昔日的鐵窗特色，與現今大部份使用鋁窗或玻璃幕牆的高樓大廈有很大的分別。

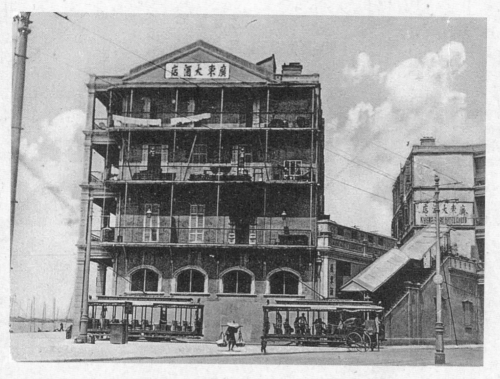

1906年，第一代三等電車途經石塘咀的廣東大酒店前（香港商業中心現址）。當年電車乘客不多。廣東大酒店樓高四層，主要款待海外華人。當年有不少華人旅客會前往西環投宿，因為該區華人飯店眾多，交通方便，也便於溝通。

1906年，於德輔道西行駛的第一代電車。圖右是聖彼得教堂（西區警署現址，鄰近第二代的「七號差館」），圖左是在1863年成立的海員之家（別名「些喇堪」，Sailor's Home），是昔日水手在岸上休息的地方。

Kennedy Town

約 1910 年代，堅尼地城的電車路軌。路軌兩旁都是兩三層高的「金字塔頂」房子。當時行人不多，與現今舉目盡是高樓大廈相比，完全是兩個面貌。

第三代電車經過干諾道西。左邊是三角碼頭，即現今上環永樂街以西上環消防局位置。由於該碼頭旁有一塊三角地帶，故有此稱。當時附近有不少貿易公司，例如南北行等，與廣州、南洋等地方進行貿易，故會聘請大量搬運工人，該處亦成為當時苦力的一個主要工作地點。

約1930年代，電車駛過干諾道西，相的右邊是現今港澳碼頭附近位置。1850年代，第四任港督寶靈（Sir John Bowring）建議將港島西北岸填海，1873年完成寶靈海旁西一帶（今德輔道西）。及後，第10任港督德輔（Sir Des Vœux）繼續填海計劃，1903年干諾道通車。干諾道西沿岸後來興建了大大小小的碼頭，港澳碼頭就是其中之一。

131

❶ 1930 年代，一輛第三代電車正經過干諾道西海旁。沿岸一帶有不少貨倉，方便貨船起卸貨物，更有不少貨船停泊在避風塘等候出海。

❷ 1930 年代，一輛電車正由干諾道西轉入德輔道西。後方沿岸停泊了大小貨船。

❸ 1950 年代，電車駛過干諾道西沿岸地區，右邊是海旁。昔日的電車路旁，多是沿海地帶，因為不少電車路以北的地方，都是填海而來的。時至今天，上述的沿海地帶經過不斷填海後，大部份已變為內陸地區。

❹ 1950 年代，電車駛過干諾道西。左邊沿岸對開海面現今已被填平，現時為西區海底隧道附近位置。右邊多是三層高的舊式唐樓，內裏經營酒家、旅店等生意。圖中所示，包括新光大酒家和萬國旅店等，主要接待從碼頭上岸的旅客。他們來港主要是為了經商、探親等。

1970 年代，位於堅尼地城的電車總站。車站旁邊有設備簡
陋的休息室，車長可以在其中稍事休息。後方幾層高的唐樓
現已拆卸重建。

一輛電車工程車在西環海旁的電車軌，一眾維修人員正仔細
地維修電線。

電車駛過干諾道西，人們在馬路中走過，有的徐徐而行，有
的挑擔走過。昔日的干諾道西車輛不多，與現今熙來攘往、
人車爭路的情況有很大的分別。

中上環

　　自香港開埠以來，中環一直是港英政府的發展核心，不少歐陸式建築物相繼在中環興建。到了 20 世紀初，很多歐陸建築仍然存在，每當電車駛過中環，彷彿把乘客從香港帶到歐洲。

　　中環旁邊的上環，則較多華人居住，建築物多以三、四層高的唐樓為主。乘客昔日坐在電車上，穿梭中環和上環兩區，自會感受到兩區不同之處。舊相片中的電車，就像時光機，帶領我們回到昔日香港，感受舊時情懷。

1906年，一輛第一代電車駛過圖中上環德輔道中的永安公司。圖左為金龍酒樓（金龍中心現址）。馬路兩旁盡是三層高的唐樓。

約1930年代，電車右面為永安公司，可知這裏是上環德輔道中。永安公司旁則是新世界戲院。

一張人手上色的明信片，展現 1930 年代滿佈舊式唐樓的上
環德輔道中。唐樓有各式各樣的店舖如洋服店、鞋廠、製衣
廠、百貨行等，可見是熱鬧的街區。相片中央遠處，一輛雙
層電車駛過上環的昔日地標之一——新世界戲院（後易名恆
星戲院，為現時無限極廣場位置）。

1960 年代，一輛輛綠色車身的戰後電車，正在上環行駛。
電車軌兩旁的舊式唐樓上廣告招牌林立。相片遠方是 1957
年落成的李寶椿大廈，現已重建為樓高 28 層的寫字樓，名
稱維持不變。

1920 年代，上環德輔道中與干諾道中交界的電車路彎
位（近現時西港城）。電車軌旁邊停泊了不少人力車，
兩種交通工具反映着時代更替，機器正逐漸取代人力。

電車東行前往北角，途經左邊的上環街市（1993 年翻新為西港城）。電車上已擠滿乘客，但仍有乘客上車。後方的中巴 10 號也正前往北角方向。

1935 年，市民慶祝英王佐治五世（King George V）登基銀禧 25 週年紀念的盛況。上環的唐樓上和路上都擠滿看熱鬧的市民，有人舞龍舞獅，不少人戴帽參與巡遊，氣氛熱鬧。一輛電車正要穿過人群，但看來不太容易。

1930 年代，行人在上環德輔道中一帶參與巡遊的熱鬧場面。一輛一輛電車整齊地停在電車路上，但因行人太多，難以前進。這種車水馬龍、萬人空巷的盛況，在當時的香港實屬罕見。前方電車的目的地是愉園（英文是 Happy Valley，快活谷），現稱跑馬地。

1960 年代，電車由上環干諾道西轉入急庇利街，再左轉到德輔道中。電車路兩旁邊是中記海鮮酒家、陸海通旅館和文園士多。當時，陸海通旅館以德輔道中 287 號為登記地址，但佔地範圍大，與急庇利街和干諾道西相連。

1900 年代的中環德輔道中。圖正中的建築物是於 1895 年落成的第二代中環街市，1937 年拆卸改建成第三代中環街市。當時中環街市前已鋪設電車軌。

E 271 DES VOEUX ROAD. C. H.K

1950 年代的中環街市（左，日治時期曾改稱「中央市場」，
至 1990 年代才改回原名），街市前的馬路旁有一輛人力車
和一個古老的紅色電話亭。

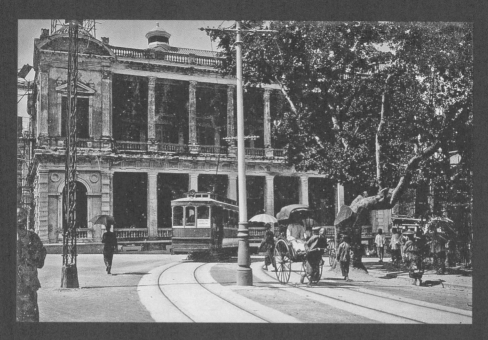

1910 年代前後，一輛第一代電車駛過舊香港大會堂（Old City Hall，位置為現時的香港滙豐總行大廈旁）。舊香港大會堂是香港首個公共文娛中心，1869 年落成後，逐漸成為洋人社交場所，直至 1933 年拆卸。大會堂後來改建在中環愛丁堡廣場。

1930 年代，一輛第三代電車駛過中環昃臣道。圖右是舊香港大會堂，對面是舊最高法院（終審法院大樓現址）。

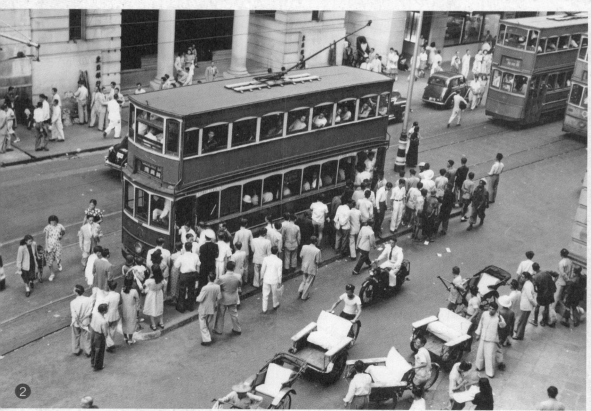

1 1930 年代，中環德輔道中電車路兩旁，泊滿了汽車，電車後方是舊最高法院。

2 1930 年代的中環德輔道中。圖中後方是東亞銀行，圖中央有不少人在東亞銀行對
出的電車站守候，準備擠上一輛前往銅鑼灣的電車，但是乘客太多，恐怕難以全
部上車。電車旁有不少人力車，與電車爭取搭客。

3 1930 年代，電車經過位於中環德輔道中、圖右的亞歷山大行（Alexandra
Building）。該大廈建於 1904 年，以當年英王愛德華七世（Edward VII）的妻子
亞歷山德拉（Alexandra of Denmark）命名，直至 1950 年重建為歷山大廈。圖左
首幢建築物是於 1918 年成立的東亞銀行，1920 年遷址到德輔道中，後來重建為
現今的東亞銀行大廈。

1930 年代，兩輛戰前電車駛過中環德輔道中的第三代郵政總局。圖左有一長辮「媽姐」，她們通常身穿白衣黑褲，是昔日處理家務的女家傭。很多終身不嫁的「自梳女」為維持生計當「媽姐」。

約 1930 年代,一輛戰前電車駛至德輔道中的亞歷山大行,路上仍有零星的人力車。
圖左是第三代郵政總局,對面是廣東銀行(Bank of Canton)。

1970 年代,電車駛過中環德輔道中一帶。當時正在興建地下鐵路中環站,第三代郵
政總局等中環地標皆被拆卸,路面狹窄,行人只好擠在馬路一隅。圖中現址已重建
為置地廣場。

1930 年代，一輛雙層電車駛過中環德輔道中。圖左是香港上海滙豐銀行，圖右是太子行。太子行建於 1904 年， 1962 年重建為樓高 29 層的太子大廈，後期只作少量翻新，一直維持現貌。

兩張日佔時期的相片，電車同樣經過中環德輔道中。相片特別顯示人來人往、市民安居
樂業的環境，電車也如常服務。兩張相片背後均蓋上日佔時期印章，非常罕有。

DES-VOEUX ROAD C. HONG KONG

這張明信片估計攝於 1950 年代。電車右上見《工商日報》的廣告牌，就可知這裏是中環德輔道中 43 號（現時永隆銀行大廈附近）。《工商日報》是昔日香港的一份重要報章，1925 年創辦，其後被何東收購，更出版《工商晚報》。何東病逝後，《工商日報》由其子何世禮接手經營，曾與《華僑日報》和《星島日報》並稱「香港三大中文報紙」，直至 1984 年 12 月 1 日停刊。

1950 年代後，兩輛電車經過中環德輔道中。圖左是於 1926 年由古瑞庭等人創辦的瑞興百貨。二次大戰後，古瑞庭去世，其子古勝祥接手經營，引入世界各地品牌，並擴充業務至尖沙咀、旺角，以至海外的新加坡。一直到 1990 年代香港百貨業式微，瑞興百貨結束營業。

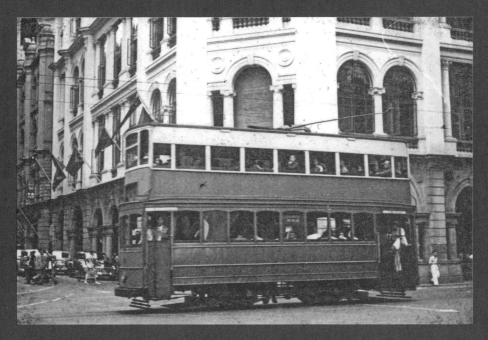

一輛電車駛過中環，旁邊的建築物掛起不同國家的旗幟，充滿歐洲風情，乍看還以為是一張歐洲的舊照片。

中環一帶，沿途有不少華人經過。圖中一群女士穿上旗袍，端莊得體，與同行者有說有笑。左邊則有一個挑擔的人走過，擔子上掛着很多籃子。

1980 年代，一輛電車與一輛前往
西營盤正街的 5 號中巴在中環德
輔道中（近歷山大廈）迎頭相撞，
事故導致電車和巴士的右邊車頭
嚴重損毀。

金鐘與灣仔

　　自香港開埠以來，中環一直是發展的核心，但中環土地有限，政府於是決定把中環東面的金鐘和灣仔一併發展，伴隨中環一起成長，成為金融商業中心的延伸。

　　百多年來，電車一直是金鐘和灣仔一帶發展的見證。原本電車路軌處於沿海一帶，乘客可以看見沿岸美景，後來因為政府發展金鐘和灣仔而大幅填海，使海岸線向北移，逐漸成為現今的沿海地區。電車路軌所在自然變成內陸地區，乘客看見的景象也大有不同，例如：灣仔的「凹灣」，填海後就變成了修頓球場。

❶ 約 1900 年代，第一代電車駛過金鐘道，位置在威靈頓兵房（Wellingto
Barracks）外，即現時夏慤花園位置。當時威靈頓兵房附近還有域多利兵房、美
利兵房等，是駐港英軍的主要軍營地帶。

❷ 約 1920 年代，第三代電車駛過金鐘道，圖左是昔日的美利兵房（Murra
Barracks），以英國時任軍械局局長美利爵士（Sir George Murray）命名。其後
美利兵房在 1982 年拆卸，營中的美利樓獲政府同意建築物可完整保留及遷往赤
柱。圖右是舊木球會。

CRICKET CLUB GROUND FROM GARDEN ROAD.

1930 年代，金鐘道香港木球會（Hong Kong Cricket Club）。圖中可以清晰看見附近充滿歐陸風情的建築物。

1950 年代,電車與私家車駛過金鐘道
香港木球會(圖左)。木球會外有不少
私家車停泊。香港木球會成立於 1851
年,原址是美利操場的一部份(遮打花
園現址),直至 1975 年遷往黃泥涌峽
道。金鐘道一帶環境恬靜悠閒,看上去
竟然有寫意的感覺。

1935 年的金鐘道。烈日當空下，不少人在街上觀看為英王佐治五世登基銀禧紀念舉辦的慶祝活動。電車小心翼翼地在人群中駛過。

1980 年代，圖中一輛輛電車正在金鐘道「排長龍」。車上乘客都已下車，車長也不見了，不知道前面發生了甚麼事？

Queen's Road East & Arsenal Street
Hongkong

這張電車相片攝於 1900 年代。根據上方的英文描述，第一代電車駛到皇后大道東與
軍器廠街交界的位置，亦即灣仔街坊稱為「大佛口」的地方。為何有此稱呼？第一次
世界大戰前，日本人在海旁東（現今莊士敦道一帶）創辦大佛洋行（Daibutsu），經
營出入口生意。洋行所在的大廈外牆有一幅巨大的佛像壁畫，後來成為該處地標。洋
行經營至 1940 年結業，但「大佛口」這個地名依然沿用至今。

1930 年代的灣仔。圖左是現今的軍器廠街，旁有蔬菜批發市場。圖右是皇后大道東，右側大樓外牆有先施百貨、錶行等大型廣告牌。

1930 年代，電車絡繹不絕地駛過灣仔莊士敦道，在剛落成不久的循道衛理聯合教會香港堂旁邊經過。該教堂在 1935 年建成，以中西合璧的方式建造，頂部設有中式鐘樓，再以混凝土等西方建築材料建成，充滿中西文化交流的意義。第一輛戰前電車正向西行，目的地是堅尼地城。

1940年代，一輛輛擠滿乘客的電車停在灣仔莊士敦道，等待前進訊號。
圖左後方有尖頂的建築物是循道衛理聯合教會香港堂。

1930年代，電車分別從東西行，穿過莊士敦道。圖片右方依稀可見和昌
大押的招牌；左方的大樹後，是尚未興建看台的修頓球場。

163

自 1922 年起，海旁東對開一帶開始填海，後來開闢莊士敦道。在電車的帶動下，莊士敦道上商舖和酒家林立，取代了昔日的碼頭和貨倉。圖中可見，電車穿過大成酒家和龍鳳大茶樓所在（後改名為龍門大酒樓）的大街。路面沒有交通燈號，行人在沒有車輛經過時橫過馬路。

1950 年代的灣仔，龍鳳大茶樓已改稱龍門大酒樓。

1960 年代，電車經過莊士敦道。電車上「人人百貨公司」的車身廣告，是不少香港人的昔日回憶。人人百貨的集團尚有大大公司、大元公司等。電車後是雙喜大茶樓的招牌，雙喜大茶樓後來在 1997 年遷出該址。

看到相片左後方英京大酒家的廣告牌，便可知這裏是灣仔莊士敦道與菲
林明道交界。英京大酒家屬於有「典當業大王」之稱的高可寧的旗下
業務。英京早在 1930 年代開始經營，樓高五層。1959 年，羅文錦、周
錫年等人在英京設宴款待來港訪問的菲臘親王（Prince Philip, Duke of
Edinburgh），可見當時它是香港的高級食肆。直至 1981 年，英京大酒家
與旁邊同屬同一集團的東方戲院結束營業，拆卸改建成今日的大有大廈。

1930 年代初，雙層電車經過於 1868 年啟用的第一代灣仔警署（又稱「二號差館」）。圖左有電車路的是海旁東（現今的莊士敦道），右是灣仔道。直至 1932 年，海旁東填海計劃完成，「二號差館」即遷至現今告士打道與菲林明道交界。

昔日的灣仔學校林立，圖中電車右邊的三層唐樓之中正有一所學校，估計相片約攝於 1930 年代。

電車西行途經灣仔，前往堅尼地
城。一名挑擔的女士與電車並肩
而行。

一輛輛電車經過灣仔菲林明道與莊士敦道交界，駛過圖中後方的龍門大酒樓後，到達圖
左的美華大廈。現今在美華大廈對面的大有廣場，當時尚未落成。原址的英京大酒家剛
剛拆卸，可以推斷這張相片應攝於 1980 年代。

銅鑼灣

電車由西至東駛過灣仔鵝頸橋後，便到達銅鑼灣和跑馬地。寶靈頓運河或寶靈渠（Bowrington Canal）是流經鵝頸一帶的運河，運河上有一條鵝頸橋，或稱寶靈橋，名稱來自第四任港督寶靈（Sir John Bowring）。寶靈原計劃將現今鵝頸橋一帶，發展為寶靈城，在其上興建碼頭和工廠，卻被英國商人反對。1920年代，灣仔開始填海，另被稱為鵝頸澗的運河變成了下水道（又稱「暗渠」），並把電車經過的鵝頸橋拆卸，改建成馬路。

電車經過寶靈頓運河後，向怡和街進發，便到達昔日的銅鑼灣總站。那裏是一個迴旋處，方便電車東西行，改往其他目的地，後來成為著名拍照景點。在銅鑼灣總站對面不遠處，就是維多利亞公園。

❶ 只需看到圖中的運河，和右邊的大煙囪，就可以認出這是昔日的寶靈頓運河。這是一張1900年代拍攝的相片，當時的電車軌就在圖中後方，串連兩岸。寶靈頓運河昔日環境恬靜，人們可以泛舟湖上，與現今鵝頸橋一帶水洩不通的情況，是兩種面貌。

❷ 1920年代，一輛第三代木蓋頂雙層電車駛過寶靈頓運河。電車上人頭湧湧，摩肩接踵。圖中可見橋下已鋪設路軌，右方亦開始搭建棚架，興建樓房，可見當時寶靈頓運河附近已開始聚集人群，大興土木。與1900年代的相片相比，恬靜的環境悄然消逝。

Cowse Way Bay, Hongkong.

H23

1920年代，一輛第三代電車正駛進銅鑼灣電車總站迴旋處。附近有充滿歐陸風情的建築物。圖片的英文描述是「Cowse Way Bay」，而非「Causeway Bay」，到底是印刷錯字，還是地名不同，則需再加考究。

TRAMWAY STATION CAUSEWAY BAY
HONGKONG

1930年代，兩款不同型號的電車陸續駛進現今銅鑼灣總站迴旋處。圖左是銅鑼灣總站候車亭，是當時一個著名地標。電車後方大約是現時聖保祿醫院和聖保祿學校所在位置。

一張罕見的日佔時期照片，拍下了幾輛電車正駛經圖右銅鑼灣總站候車亭，近迴旋處的一刻。當時路面行人不多，有人推着手推車在馬路上走過。

每當看見電車迴旋處，加上附近唐樓頂部有大型的可口可樂和浪琴錶的廣告牌，就可知是 1950 年代的銅鑼灣電車總站。可口可樂廣告牌下唐樓位於怡和街，地下和二樓就是亞洲出版社門市、亞洲影業有限公司和亞洲通訊社。亞洲出版社曾出版《亞洲畫報》，報道新聞和娛樂資訊，深受讀者歡迎。該處現已改建為富豪香港酒店。當時亞洲出版社旁是著名的酒樓夜總會豪華樓，豪華樓右面就是豪華戲院。

① ②

1910 年代，一輛第一代三等電車在銅
鑼灣總站候車亭駛過。

1 20 世紀初的銅鑼灣總站候車亭設計圖。設計圖顯示
了候車亭設置地點、候車亭的建築細節等。

2 1930 年代，兩輛電車分別從左右兩邊的電車軌，駛
過銅鑼灣總站的候車亭。

1950 年代，電車經過怡和街。附近的樓宇只有三、四層高，滿佈商店，而馬路則非常寬闊。

1960 年代的怡和街

1930年代的高士威道。左邊是沿岸地帶，後來發展成維多利亞公園。右邊是現今中央圖書館和皇仁書院附近的位置。

第二次世界大戰後，高士威道的電車軌需再鋪設維修。圖左是避風塘，有不少船隻停泊，圖右有一排三、四層高的樓房。

1970 年代，電車駛過銅鑼灣高士威道。圖左是維多利亞公園，圖右可見泰國盤谷銀行招牌。高士威道當年幾乎沒有交通燈指示，圖中有交通警察在交通亭指揮交通。

1960 年代，從銅鑼灣電車總站旁，望向維多利亞公園。維園對出的迴旋處車水馬龍，電車需要在各式各樣的汽車中穿梭。後方山上仍有大片木屋區。

1960年代，電車與單層巴士、私家車等一同駛過維多利亞公園旁。電車的載客量一定較單層巴士多，不少人因而選擇以電車代步。圖中可見當時的大型廣告多為汽水和啤酒等。

1950 年代，電車駛過禮頓道。電車往返跑馬地必然路經此處。圖左是一間歐陸式建築的崇蘭中學，圖右有一列附陽台的唐樓。崇蘭中學由曾璧山創校，以教育家陳子褒的別名「崇蘭」為校名。

電車從 1995 年落成的利舞臺廣場旁駛過。利舞臺廣場原址是利舞臺戲院，曾公映不少粵劇、歌劇、電影等，1991 年拆卸重建。圖右「泉章居」的草書招牌由聞名的大書法家于右任所題。

東區

　　電車由西至東走過香港島北岸，駛進炮台山
和北角一帶，來到了香港東區的範圍。從 1945
年內戰後開始，人民為了逃避戰火而來到香港，
住進炮台山和北角一帶，該區開始較多人居住。
適逢 1950 年代，電車公司將銅鑼灣總站遷往北
角，正可回應當地居民的交通需求。

　　當時，北角區住了不少上海人、福建人，形
成當地流行多種方言，包括：上海話、閩南話、
廣東話、客家話等，成為北角特色之一。北角附
近以前有不少上海理髮店、照相館等，都是南來
人士來港生活的佐證。

1960年代的北角春秧街。因春秧街有街市和小攤檔，電車與行人時常出現「人車爭路」的情況，街道水洩不通。電車路軌兩旁的街市，以及樓宇的大型招牌，都是昔日香港的獨特景象。

1960 年代的北角英皇道，電車經過昔日的皇后飯店。皇后飯店於 1952 年開業，因英女王伊利莎白二世在同年被冊封而命名。皇后飯店由于永富創辦，他是昔日的上海名廚，來港後創辦皇后飯店和皇后餅店。餐廳以俄羅斯菜聞名。從圖中可見，第二次世界大戰後的電車以綠色為主。

1960 年代的北角春秧街。電車駛入春秧街鬧市，途人要「退避三舍」，走進篷布之內。電車司機也要小心翼翼地駕駛，避免與行人碰撞，釀成意外。時至今天，這種場景仍繼續出現。

1960 年代，位於糖水道的北角電車總站。當時東區走廊尚未興建，總站對開已是海邊。
圖右是僑冠大廈。北角電車總站早在 1953 年啟用，取代昔日的銅鑼灣電車總站。北角
總站另增設一條前往石塘咀的路線，方便市民來往西環及北角。

電車開始駛出春秧街，前往跑馬地等目的地。電車軌後方有售賣各式各樣貨品的排檔。

187

兩邊東西行的電車駛過北角英皇道。圖後方是昔日皇都戲院（前身為璇宮戲院）。該建築物在 1952 年落成，大廈及商場部份則 1959 年落成。皇都戲院 1997 年結業後，長時期被大型廣告板覆蓋。2017 年皇都戲院獲評為一級歷史建築。

1980 年代，維修工人在北角英皇道修理電車路軌，電車必須小心翼翼地駛過。電車左後方是新國民酒樓。

1950 年代的英皇道（現今鰂魚涌站附近）。圖左有一個有蓋電車站，圖中後方有另一個電車站。圖右的一座座四層高大廈，設計幾乎一模一樣，是太古公司為員工提供的宿舍。

1970 年代的鰂魚涌，電車駛過現今的屋苑新威園。海景樓、福昌樓等因樓宇密集，現被稱作「怪獸大廈」，而昔日福昌樓一段的英皇道，與今天的外貌大致相近，尤其是轉彎下斜坡一段，幾乎沒有絲毫變化。不同的是，現時該處興建了一道行人天橋，連接鰂魚涌市政大廈。

只要看見電車上坡，或位於高處，就可知電車正身處鰂魚涌康山道。這張相片攝於 1980 年代，可見電車正在「爬山」，向上環方向進發。

1940年代，電車總站（左下）對開是筲箕灣避風塘，大量船隻停泊其中。岸上房屋以兩、三層高唐樓為主，現在已幾乎全被清拆，取而代之的是新建的高樓大廈。

1950 年代筲箕灣電車總站

每年農曆四月初八是譚公誕，筲箕灣都會舉辦巡遊活動，非常熱鬧。電車經過筲箕灣之際，都要格
外留神，留意馬路上的行人。

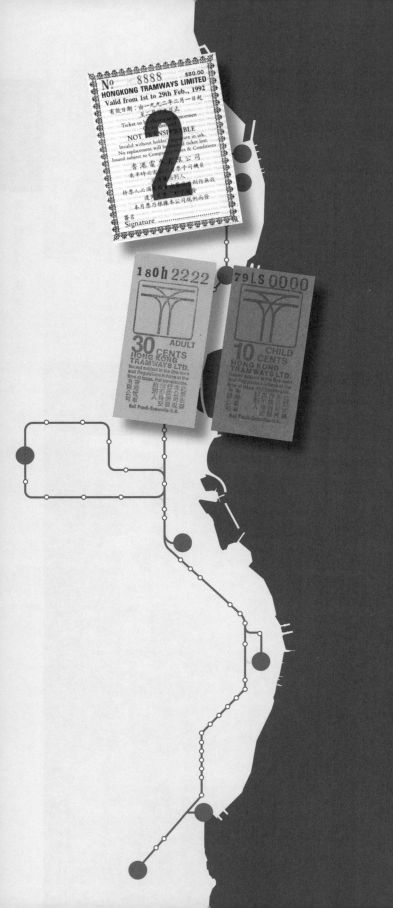

第４章

珍藏車票
話當年

昔日的香港電車車票，分為單程和月票兩類，與現今相近。經歷時代的演變，車票被輔幣和錢箱取代，現在八達通等不同電子支付方式盛行，輔幣幾乎也「功成身退」。

　　以往電車通常有兩名身穿白色制服、拿着車票打孔機的售票員，一名在上層，一名在下層，將收取的車費放在白色錢袋內，然後在車票的站名上打孔，打孔時「叮」的一聲，代表車資已付。1976 年，電車開始使用錢箱，售票員逐漸「轉型」，多被訓練為電車車長，直至 1982 年取消售票員制度。

　　不論是電車車票還是巴士、鐵路車票，一直是不少收藏家的「至愛」，原因是車票面積細小，在香港「寸金尺土」的環境下，比較容易收藏，一些特別號碼的車票藏品，例如：「1111」、「8888」等，較普通號碼車票藏品貴 2 至 5 倍。

圖中的女士為電車車廂內的售票員，身上掛着車票打孔機。

跨年代的珍貴車票

1930 年代的頭等車票，當時票價六仙士。仙士是英文「Cents」的譯音。車票上顯示四個電車車站：堅尼地城或屈地街、銅鑼灣或跑馬地、屈地街或上環街市、銅鑼灣。

BD 03051

HONGKONG TRAMWAYS L^TD

3 CENTS

車電港香
士仙三

BD 03052

HONGKONG TRAMWAYS L^TD

3 CENTS

車電港香
士仙三

Hongkong Tramways Ltd.
These tickets are issued subject to
the Bye-Laws and Regulations of the
Company.
Each Ticket is available for one
passenger over any section or part of a
section for which the fare as set forth
in the Company's Table of Fares does
not exceed 3 Cents.
L. C. F. BELLAMY,
General Manager.

之三少站所爲條公按此 電香
數仙不路用一而司照票 車港
士過多在人行規本須

Hongkong Tramways Ltd.
These tickets are issued subject to
the Bye-Laws and Regulations of the
Company.
Each Ticket is available for one
passenger over any section or part of a
section for which the fare as set forth
in the Company's Table of Fares does
not exceed 3 Cents.
L. C. F. BELLAMY,
General Manager.

之三少站所爲條公按此 電香
數仙不路用一而司照票 車港
士過多在人行規本須

1936 年的方型車票，面值三仙士。

HONGKONG TRAMWAYS LIMITED.

100 3 CENT CASH TICKETS.

These tickets are issued subject to the Bye-laws
and Regulations of the Company which may be
inspected at the Company's office.

L. C. F. BELLAMY,
General Manager.

昔日的電車套票，合共 100 張，每張票價三仙士，方便乘客不用每次買票。

日佔時期一張由三等加蓋章變成「壹等」
（即頭等）的車票。上方見「金貳拾圓」
的加蓋字，即 20 元。在物資缺乏的年代，
這種做法十分常見。

日佔時期日軍政府印制的三等車票。其
時電車公司改稱「總督部電車事務所」。

1944 年（民國三十三年）日佔時期，《大成報》6 月報道電車事務所停止電車行駛後，將
全部收回餘下的回數定期券（包括職員及學生的往復定期券），並按原車票價值發還給持
券者。市民需前往電車事務所填寫表格，蓋上印章，交給受付處，才可領回原值金額。

2Kq 2811
First Class 10 Cents
Fare
For Children Half Fare
HONGKONG TRAMWAYS LIMITED

城地利堅 街地居或 Kennedy Town or Whitty Street	灣鑼銅 地馬跑或 Causeway Bay or Happy Valley
館信書 Post Office	涌魚側 Quarry Bay
街地屈 市街環上或 Whitty Street or Western Market	園 名 North Point
灣鑼銅 Causeway Bay	灣箕筲 Shau Ki Wan

Available on Through Cars Only
This Ticket is not transfer-
able and is issued subject to
the Bye-laws and Regulations
of the Company.

1950 年代的小童頭等車票，面值一毫，由堅利（尼）地城至筲箕灣。車票正面列出不同地方和車站的名稱，當中有趣的是，香港郵政總局被稱為「書信館」；「名園」即現今的北角，取名自北角遊樂場「名園」。

Ad 5218
British Naval
and Military 5 Cents
First Class Fare
HONGKONG TRAMWAYS LIMITED

城地利堅 街地屈或 Kennedy Town or Whitty Street	灣鑼銅 地馬跑或 Causeway Bay or Happy Valley
館信書 Post Office	涌魚側 Quarry Bay
街地屈 市街環上或 Whitty Street or Western Market	園 名 North Point
灣鑼銅 Causeway Bay	灣箕筲 Shau Ki Wan

Available on Through Cars Only
This Ticket is not transfer-
able and is issued subject to
the Bye-laws and Regulations
of the Company.

一張非常獨特的車票——1940 年代的軍人車票。正面列明是英國海軍和陸軍的頭等車票，軍人乘坐電車有半價優惠，面值五仙士。

1960 年代至 1970 年代的電車車票，頭等車票（左）及成人車票（中）面值兩毫，三等車票（右）面值一毫。車票在英國印製。兩張編號 7777 以及一張編號 5555 的車票，是「連冧把」的特別車票，收藏價值更高。

1974 年，九龍倉接手電車業務，新設計的車票上有電車公司的新商標。圖左及中分別為成人及小童車票。此款車票沿用至廢除紙車票。右為節日專用的成人車票，上面印有「聖誕快樂」的字樣，面值三毫。

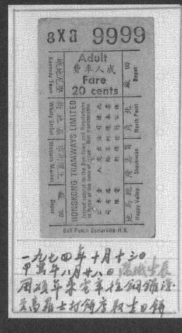

這三張票同樣是「連柒把」的車票，票下文字準確地記錄了車票的日期，顯然是收藏家的珍藏，也盛載他們與車票的珍貴回憶。

車票背面有提醒乘客下車注意安全的字句或徵電車車票廣告

左為 1960 年代至 1970 年代通用的小童頭等車票，上方印有車票編號，
屬正常車票。右為罕有的錯體版本，缺車票編號。

其他錯體版車票，同樣缺車票編號。錯體車票的市場價格奇高，比正常車票貴 10 至 15 倍。

香港電車
HONG KONG TRAMWAYS

23212

免費電車乘車券（單程）
Free Tram Ride Coupon (*Single Trip*)

Valid Till 有效日期
13 DEC 2014

香港電車
HONG KONG TRAMWAYS

23298

免費電車乘車券（單程）
Free Tram Ride Coupon (*Single Trip*)

Valid Till 有效日期
13 DEC 2014

2014年，部份電車道受阻，電車未能駛入波斯富街至銅鑼灣中央
圖書館一段。電車公司推出「免費電車乘車票券」，讓乘客步行前
往下一個車站，再憑票乘坐電車。那是當時一種獨特的乘車方式。

月票

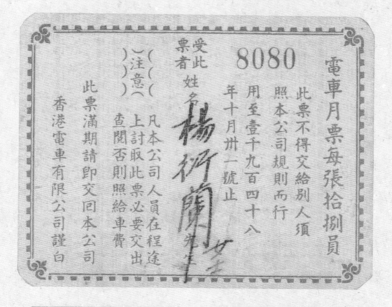

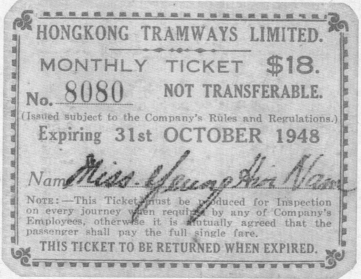

1948年10月的電車月票，面值18元。票上寫有持票者的姓名。

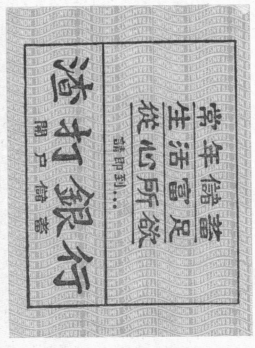

1974年4月及5月的電車月票，面值18元。4月的電車月票，編號400；5月的月票，編號500。兩張月票背面都有銀行開戶廣告。

1981 年的整年月票，當年的月票售價是 27 元，8 月加價至 45 元，增幅為
三分之二。

0655 $ 50.00

HONGKONG TRAMWAYS LIMITED

Valid from 1st to 31st August, 1984.

有效日期：由一九八四年八月一日起

至八月卅一日止

Ticket to be shown to motormen

Or on demand

NOT TRANSFERABLE

Invalid without holder's signature in ink.

No replacement will be made if ticket lost.

Issued subject to Company's Rules & Conditions

香港電車有限公司

乘車時必須出示月票予司機員

不得讓給別人

持票人必須要用墨水簽名否則作無效

遺失月票 恕不補發

本月票乃根據本公司規例而發

簽名

Signature ....

No 0080 $50.00

HONGKONG TRAMWAYS LIMITED

Valid from 1st to 31st Jan., 1990.

有效日期：由一九九O年一月一日起

至一月三十一日止

Ticket to be shown to motormen

Or on demand

NOT TRANSFERABLE

Invalid without holder's signature in ink.

No replacement will be made if ticket lost.

Issued subject to Company's Rules & Conditions

香港電車有限公司

乘車時必須出示月票予司機員

不得讓給別人

持票人必須要用墨水簽名否則作無效

遺失月票 恕不補發

本月票乃根據本公司規例而發

簽名

Signature ....

No 3750 $100.00

HONGKONG TRAMWAYS LIMITED

Valid from 1st to 30th Nov., 1995

有效日期：由一九九五年十一月一日起

至十一月三十日止

Ticket to be shown to motormen

Or on demand

NOT TRANSFERABLE

Invalid without holder's signature in ink.

No replacement will be made if ticket lost.

Issued subject to Company's Rules & Conditions

香港電車有限公司

乘車時必需出示月票予司機員

不得讓給別人

持票人必須要用墨水簽名否則作無效

遺失月票 恕不補發

本月票乃根據本公司規例而發

簽名

Signature ....

1984 年 8 月、1990 年 1 月的月票售價同為 50 元；1995 年 11 月加至 100 元。

No. 8888 $80.00
HONGKONG TRAMWAYS LIMITED
Valid from 1st to 29th Feb., 1992
有效日期：由一九九二年二月一日起
至二月廿九日止
Ticket to be shown to motormen
or on demand
NOT TRANSFERABLE
Invalid without holder's signature in ink.
No replacement will be made if ticket lost.
Issued subject to Company's Rules & Conditions

香港電車有限公司
乘車時必需出示月票予司機員
不轉讓合別人
持票人必須要用墨水簽名否則作無效
遺失月票，恕不補發
本月票乃根據本公司規例而發

簽名
Signature ....

Hire Your Own Private Tram & "Star" Ferry
from
Hong Kong Tramways Ltd.
The "Star" Ferry Co. Ltd.
Catering can also be Arranged
Tel: 801 7427 or 801 7429

租賃電車或天星小輪
可向本公司以上電話查詢

1992 年 2 月的電車月票，面值 80 元。不少乘客使用月票後，月票就如同廢紙。然而，這張月票的編號是幸運號碼「8888」，不但不會「用完即棄」，反成了收藏家的心頭好。月票背面是同屬九龍倉旗下的天星小輪和電車的租賃廣告。

在一張單程車票上印上英文字母，即變成一張月票，例如「J」字可以代表 January、June 或 July，即是 1 月、6 月或 7 月；「A」字代表 August，8 月；「N」字代表 November，11 月，再以字的顏色釐清月份。車票在香港印製。

職工免費車票

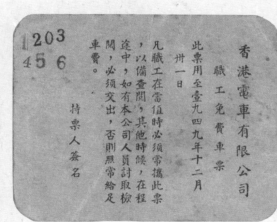

1949 年的電車員工證，該員工的職位為「Conductor」（售票員）。當年的員工證以中英文顯示，列出員工的職級、編號，並有照片。此證經電車公司蓋印後方可生效，持證員工可以免費乘坐三等電車，而且要在當值時持證，亦設使用期限。證上列明，隨時有人查證，以免有人盜用。

1954 年的電車員工證，該員工的職位為「Gate Boy」，即司閘員，負責在三等電車車廂內拉門閘。

學生車票

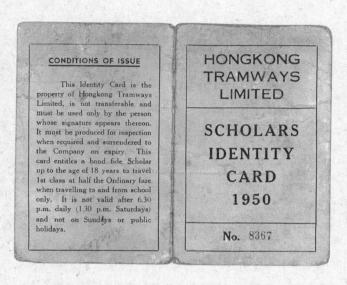

1950 年的學生頭等半價乘車證。證上列明使用守則，只限 18 歲以下學童使用、
不得轉讓他人等條款。還有一項特別之處是：不得在平日黃昏 6 時半後（學校
下午校放學後約 1 小時，後改為 7 時）、星期六下午 1 時半後（學校長短週放
學後約 1 小時）、星期日或公眾假期使用。乘車證既要校長簽署，又要學校蓋
章，手續繁複。1950 年及以前的學生乘車證，比之後的大超過兩倍。

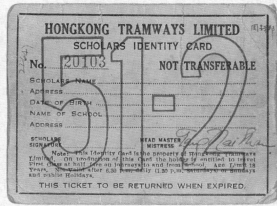

1951年至1952年度香港電車公司的學生頭等半價乘車證，證上以中英文列明學生姓名、住址、出生日期、學校名稱、校址，還需要學生和校長簽名。此證只供往返學校使用。

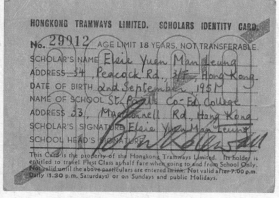

1968年至1969年度的學生頭等半價乘車證

電車紀念票

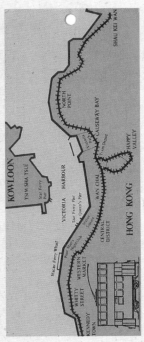

派對電車車票成人票，車票正面印有九龍倉收購電車公司後的新商標，面值三毫，並列明是電車遊的紀念品。背面是香港和九龍兩岸的地圖，宣傳重點當然放在同為九龍倉旗下的電車和天星小輪之上。電車路線由西至東，從堅尼地城開始，沿途經過屈地街、上環街市、中區、灣仔、跑馬地、銅鑼灣、北角等，最後駛至筲箕灣。當年港島的天星碼頭，還在尚未填海的皇后碼頭旁邊。

1980年代至1990年代的派對電車紀念票，面值兩元，以「電車旅遊倍新意　慶祝派對最適宜」為題，吸引市民乘搭。紀念票背後加入電車路線及中英對照的地名。

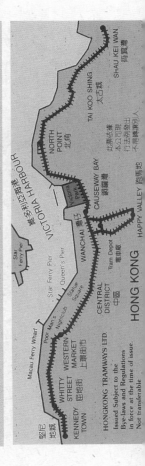

遊客專用的三天電車紀念票。購買後可在三天內無限次乘搭電車。紀念票正面為電車,背面有天星小輪、尖沙咀鐘樓及香港文化中心的圖案。車票展示香港的旅遊景點外,還有天星小輪的標誌,以作宣傳。

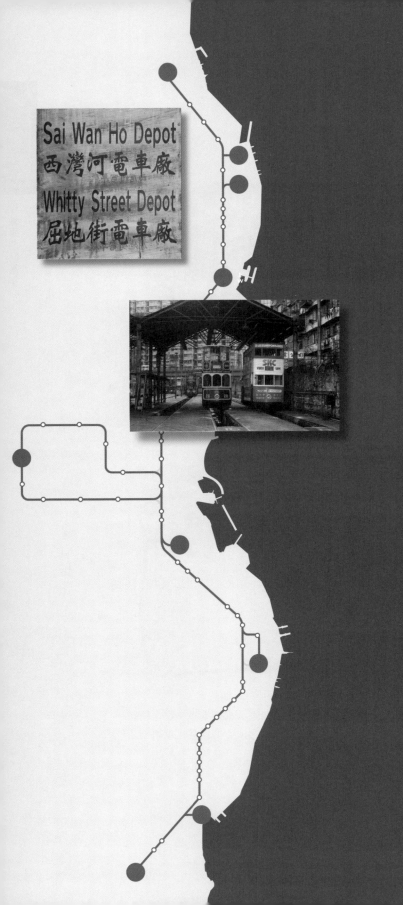

Sai Wan Ho Depot
西灣河電車廠
Whitty Street Depot
屈地街電車廠

第5章

電車車廠與電車車廂

電車車廠：
從羅素街到屈地街

　　電車「日出而作」，但「日入尚未息」，每每工作至凌晨才「回廠」休息。時至今日，香港電車公司共有兩個車廠，分別位於香港島的東面和西面，包括東面的西灣河電車廠，和西面的屈地街電車廠（車廠包括辦公室，處理車務、電車停泊、維修等工作）。但不要忘記，還有一個昔日的電車廠——銅鑼灣電車廠。

　　銅鑼灣電車廠位於羅素街（時代廣場現址），1900 年代初期設於寶靈頓道與堅拿道交界，直至 1920 年代遷往羅素街，故又名「羅素街電車廠」。1951 年，銅鑼灣電車廠擴建至霎東街，改名為「霎東街電車廠」。銅鑼灣電車廠一直運作至 1989 年 3 月，後遷往石塘咀屈地街和西灣河，原址則改建為時代廣場。

　　1989 年 3 月，屈地街電車廠啟用。車廠原位於干諾道西，但電車均在屈地街出入，故車廠被命名為「屈地街電車廠」。屈地街電車廠取代了銅鑼灣電車廠的工作，包括維修電車，甚至是日後的行政中心，包括經營電車業務發展、培訓車長等，是電車公司運作的命脈所在。

　　西灣河電車廠早在 1989 年 2 月落成，旨在分擔屈地街電車廠的工作，包括培訓車長和修理電車。不過，西灣河電車廠只負責小型的維修工作，大型維修還是交由屈地街電車廠處理。

羅素街車廠外貌

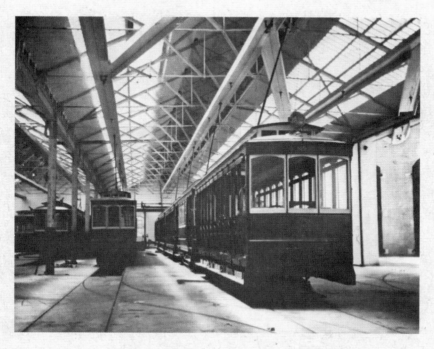

1904年6月，銅鑼灣的羅素街車廠竣工，多輛第一代電車
停泊在車廠內，它們已經準備就緒，為市民服務。

980 年代的霎東街電車廠（右），以一道牆分隔電車廠與市集。電車廠內人煙稀少，市集內
人頭湧湧，成為一大對比。

1987 年，城市規劃委員會建議將圖中的霎東街電車廠（左）發展為非住宅用途，後來發展商
九龍倉把車廠改建為寫字樓和商場，並於 1994 年開幕，成為大眾熟悉的時代廣場。

雲東街電車廠內部

駛離霎東街車廠的最後一輛電車

一九八九年三月二十一日成報

具八十五年歷史
灣仔電車廠
將改建華廈

【本報特訊】當昨日最後一輛載客電車徐徐開出，漸漸遠離具八十五年歷史的灣仔霎東街電車廠，朝西駛向屈地街，象徵一段歷史陳跡的湮沒，新紀元的開始。

霎東街電車廠日內即將拆卸，交予九龍倉地產公司發展，爲時代廣場，總投資額逾十五億元。

香港電車公司於一九零二年五月成立後，於一九零四年在霎東街設廠，經過五十及六零年代的重建，昔日車廠的面貌已不復睹，而橫亘門前一條溝渠早已填平，即現時的堅拿道東。

直至八六年，電車公司就發展新車廠與政府達成協議，而位於西灣河的新車廠已於本年三月一日啓用，屈地街的新車廠亦將於日內啓用，相繼可分別可容納電車五十七輛及一百輛，這些新設施將顯示香港電車服務正踏入一個新紀元。

這輛最後載客電車原訂於昨日下午四時駛離霎東街電車廠，但車廠員工及記者紛紛拍照留念，直至四時一刻過後，電車才走上極具紀念性的車程。

1989年，報章報道3月20日最後一班電車從霎東街電車廠開出，此車廠85年的歷史終結。其後西灣河和屈地街新車廠陸續啓用。

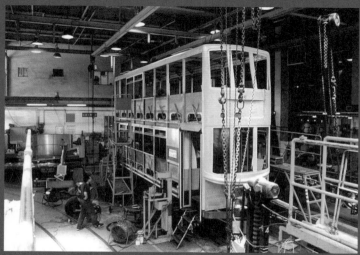

屈地街電車廠內部

電車一直改裝，更新設備，推陳出新。圖中放在屈地街電車廠的電車款式在 1990 年代只屬設計和測試階段，最終計劃擱置，沒有在路面行車使用。

相片中兩款英國黑池的
電車（編號 69 及 70）
由香港製造，後來運往
英國使用。難怪此海外
電車給人一種似曾相識
的感覺。

電車車廂結構

　　香港電車在 1904 年通車時，只有單層電車，後來乘客量與日俱增，故陸續在單層電車的基礎上興建上層。我們從昔日電車上層的車廂細看，發現電車由最初受盡風吹雨打的開篷上層，演變為帆布頂和木蓋頂，但仍舊設備簡陋，行車時坐在上層的乘客是否安全也成疑問。

　　直至第二次世界大戰後，電車公司大量使用戰後剩餘的深綠色顏料，為電車改頭換面，加上使用密封式的電車車廂設計，為上層的乘客遮風擋雨，逐漸演變成為今日我們熟悉的電車外觀。

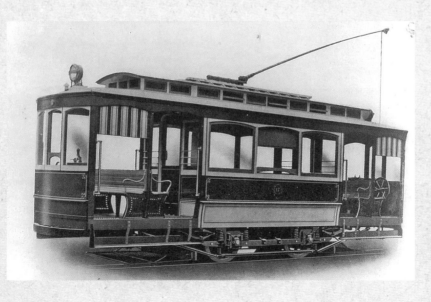

第一代單層頭等電車

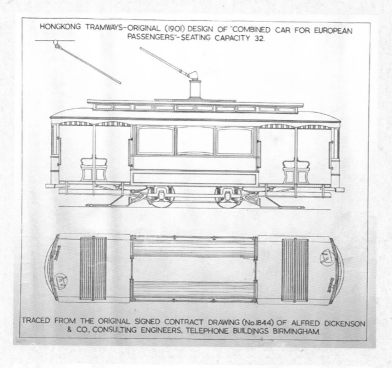

HONGKONG TRAMWAYS-ORIGINAL (1901) DESIGN OF "COMBINED CAR FOR EUROPEAN PASSENGERS"-SEATING CAPACITY 32.

TRACED FROM THE ORIGINAL SIGNED CONTRACT DRAWING (No.1844) OF ALFRED DICKENSON & CO., CONSULTING ENGINEERS, TELEPHONE BUILDINGS BIRMINGHAM.

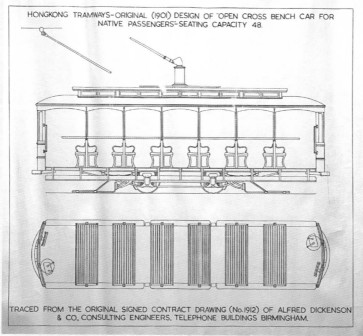

HONGKONG TRAMWAYS-ORIGINAL (1901) DESIGN OF "OPEN CROSS BENCH CAR FOR NATIVE PASSENGERS"-SEATING CAPACITY 48.

TRACED FROM THE ORIGINAL SIGNED CONTRACT DRAWING (No.1912) OF ALFRED DICKENSON & CO., CONSULTING ENGINEERS, TELEPHONE BUILDINGS BIRMINGHAM.

1901 年的第一代單層電車官方設計圖，分別是頭等電車（上）和三
等電車（下）。設計圖列出電車上的電線、電車車身設計、座位安排
（頭等有 32 個座位，三等有 48 個座位）、車輪安裝、車底裝置等。

1910 年於羅素街電車廠拍攝的相片，電車初期由英國的 Dick, Kerr & Co. 製造，底盤
由 Peckham Truck & Engineering Company 製造，其他零件大部份由英國生產，再
運至香港組裝。1910 年，香港只有單層電車，分為頭等和三等，但製造方法大同小異，
車卡均用木材製成，兩者都沒有車門。頭等和三等電車的分別在於，頭等車兩旁的玻
璃窗可上下移動，座位也比較舒適；三等車較為簡陋，座位較窄。

1950 年代，雙層電車的上層使用木椅子和藤椅子，車頭和車尾的椅子尚未被改成直排，加上舊式木製車窗，極具設計特色，彷彿回到 1960、1970 年代的香港。很多著名香港電影如《烈火青春》、《胭脂扣》等曾在電車上層拍攝，令人回味。

第二次世界大戰後，電車上層的頭等車廂。昔日前往上層的乘客，需要經過上層售票員的打孔機「叮」一聲打票後，才可以坐下。這種「頭等象徵」，直到 1972 年取消。此外，電車被稱為「叮叮」，是來自電車司機踩腳踏發出的聲音（司機通知前方電車駛近，請讓路），另有說是來自售票員打孔機的聲音。隨着時代轉變，現在已愈來愈少人記得售票員那打孔機的聲音了。

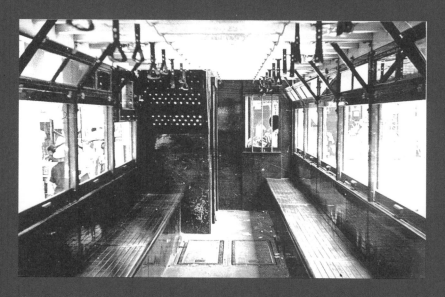

昔日電車的下層車廂，不變的仍然是「後閘上車，前閘下車」。不同的是，
以前是上車付款，與現今下車時才付款不同，所以昔日的電車售票員是在車
尾售票的。此外，舊式電車的樓梯下有一個售票員的座位。

1950 年代下層車廂開始使用木椅座位

1998 年，筆者張順光出版首本中文電車著作《香港電車 1904-1998》，並以「電車路上的香港島」為主題舉辦新書發佈會，吸引不少人士參與。其中的展品包括戰後電車的一張藤椅。

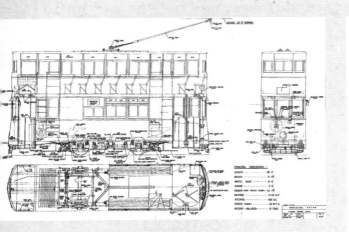

1970年代的電車機械圖,可以看到電車車頂、車身、車底、車頭,以至車輪、車內零件等各項細部,每一項都要做到一絲不苟,才能確保電車安全行駛。

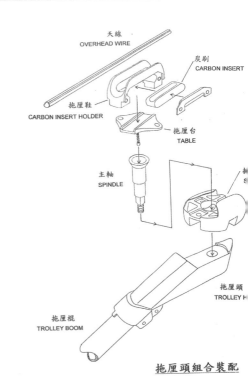

拖厘頭組合裝配

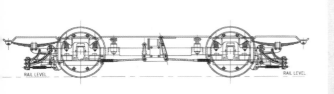

SEMI-ELLIPTIC SPRING TRUCK

香港的電車同時需要靠天線和路軌行駛,以固定行駛路線。其中的天線組件,除了使用直流 500 伏特的電力外,還需要一套完整的「拖厘頭組合裝配」,包括天線、主軸、拖厘頭、拖厘棍等,才可驅動電車。加上技工師傅定期檢查電線、維修,電車才能正常運作。電車行駛的動力來自電線,所以有些人稱「電車」為「電線車」。

穩健的電車底盤能固定兩邊車輪,讓車底與路軌保持一定距離,確保行車暢通無阻。1980 年代電車翻新,底盤都會轉移到翻新車、新鋁製電車上使用。

每逢登上電車前，乘客都會抬頭看一看電車車頭的目的地牌，才
決定是否上車，以免「搭錯車」。圖中是舊電車的站牌布帶，顯
示地點包括：筲箕灣、上環（西港城）、西灣河電車廠、屈地街
電車廠、中環、金鐘（地鐵站）、灣仔等目的地。

第 2 編
香港電車紀念品珍藏

第 1 章

電車週年
紀念品

香港電車通車 90 週年紀念 (1994 年)

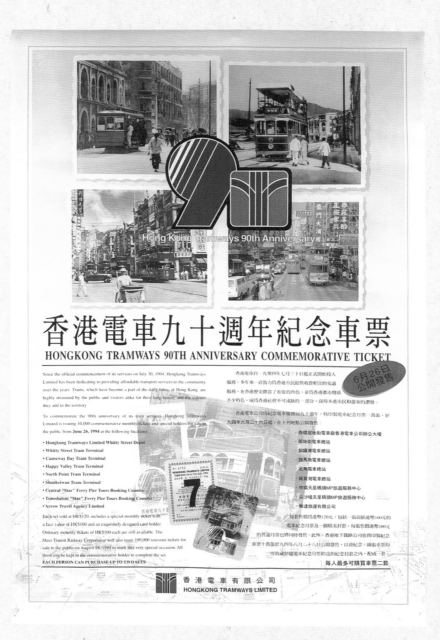

1994年，香港電車通車90週年，電車公司以「電車90展繽紛」為主題，推出10萬張電車紀念月票，月票上印有第一代單層電車、第二代開篷雙層電車的相片，和「90」字樣。套裝內的紀念品包括：中英對照的電車歷史簡介單張、歷史圖片、沿線地圖、復刻車票（7月份整月通用月票）等，帶動當年一股收藏熱潮。

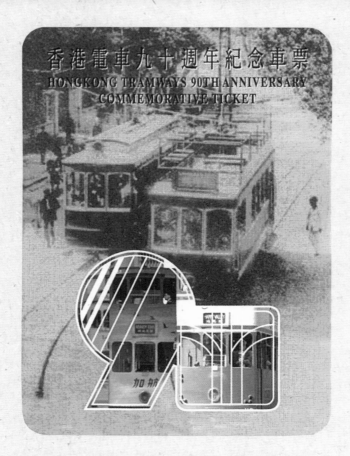

香港電車九十週年紀念車票
HONGKONG TRAMWAYS 90TH ANNIVERSARY
COMMEMORATIVE TICKET

№ 03531 $100.00

HONGKONG TRAMWAYS LIMITED
Valid from 1st to 31st July, 1994

有效日期：由一九九四年七月一日起
至七月三十一日止

Ticket to be shown to workmen
on demand

NOT TRANSFERABLE
Invalid without holder's signature in ink.
No replacement will be made if ticket lost.
Issued subject to Company's Rules & Conditions

香港電車有限公司
乘車時必需出示月票予司機員
不得讓與別人
持票人必須要親自簽名否則作無效
遺失月票恕不補發
本月票乃根據本公司規例而發

簽名
Signature ....

紀念票票值為HK$20，適用於地下鐵路。
車費按車程每次自動扣除，
最後一次使用車票時，
不論餘值多少均可乘搭任何車程。
車票會在最後一次使用後，
退還乘客，留作紀念。
This souvenir ticket is valid for
HK$20 worth of travel on the MTR.
You can travel anywhere on your last
ride, regardless of the value left on
the ticket. Your ticket will be
returned to you as a souvenir after
your last ride.

香港電車九十週年
HONGKONG TRAMWAYS 90TH ANNIVERSARY

紀念車票
SOUVENIR TICKET

1994 年香港電車 90 週年特別車票及封套。紀念車票在 1994 年 7 月份整月通用，車票面值 100 元。

香港電車自一九零四年七月三十日正式投入服務以來，一直致力為香港市民提供便利的交通服務，在香港歷史擔當了重要的角色，為香港都市增添不少特色，成為香港社會不可或缺的一部份，深得本港市民和遊客的讚譽。香港地下鐵路公司為慶祝電車服務屆九十週年，特印製紀念車票十萬張公開發售，以資紀念。

Since the official commencement of its services on July 30, 1904, Hongkong Tramways Limited has been dedicating to providing a convenient mode of transport to the community over the years. Trams, which have become a part of the daily fabric of Hong Kong, are highly treasured by the public and visitors alike for their long history and the colours they add to the territory. To commemorate the 90th anniversary of tram services, the Mass Transit Railway Corporation is issuing 100,000 souvenir tickets for public sale to mark this very special occasion.

不同的公共交通工具很少有機會合作，因為互相大多視對方為競爭對手，但這張紀念票是一個例外。1994 年，香港電車通車 90 週年，電車公司與地鐵公司合作，推出地鐵紀念車票，售價 35 元，面值 20 元，封面印有地鐵公司的標誌，以及一輛第一代單層電車，可說是兩種公共交通工具難得的一次合作。宣傳海報上可見紀念票的發行量有 10 萬張，而且只在 8 個地鐵站的旅遊服務中心發售。

1994

JAN

S	M	T	W	T	F	S
						1 三十
2 廿一	3 廿二	4 廿三	5 小寒	6 廿五	7 廿六	8 廿七
9 廿八	10 廿九	11 三十	12 十二月	13 初二	14 初三	15 初四
16 初五	17 初六	18 初七	19 初八	20 大寒	21 初十	22 十一
23 十二	24 十三	25 十四	26 十五	27 十六	28 十七	29 十八
30 十九	31 二十					

DEC　1993　FEB

S	M	T	W	T	F	S
			1	2	3	4
5	6	7	8	9	10	11
12	13	14	15	16	17	18
19	20	21	22	23	24	25
26	27	28	29	30	31	

S	M	T	W	T	F	S
		1	2	3	4	5
6	7	8	9	10	11	12
13	14	15	16	17	18	19
20	21	22	23	24	25	26
27	28					

香港電車
Hongkong Tramways

Alexandra House Central, C. 1900 & 1993

The appearances of constructions have been subjected to tremendous changes after nearly a century's evolution. Note the first generation of trams were single-deck.

1994

FEB

S	M	T	W	T	F	S
		1 廿一	2 廿二	3 廿三	4 立春	5 廿五
6 廿六	7 廿七	8 廿八	9 廿九	10 正月	11 初二	12 初三
13 初四	14 初五	15 初六	16 初七	17 初八	18 初九	19 雨水
20 十一	21 十二	22 十三	23 十四	24 十五	25 十六	26 十七
27 十八	28 十九					

JAN

S	M	T	W	T	F	S
						1
2	3	4	5	6	7	8
9	10	11	12	13	14	15
16	17	18	19	20	21	22
23	24	25	26	27	28	29
30	31					

MAR

S	M	T	W	T	F	S
		1	2	3	4	5
6	7	8	9	10	11	12
13	14	15	16	17	18	19
20	21	22	23	24	25	26
27	28	29	30	31		

香港電車
Hongkong Tramways

Intersection of Des Voeux Rd. Central & Wing Lok St., Sheung Wan, C. 1900 & 1993

The residential buildings on the right have become today's Vicwood Plaza and Wing On Centre, two of the major commercial buildings in Sheung Wan.

1994 年，筆者張順光與電車公司合作出版月曆，慶祝香港電車通車 90 週年。
每月都有香港的新舊街景及電車的相片對照。

HONG KONG TRAMWAYS 90TH ANNIVERSARY JULY 30, 1994 香港電車九十週年全套彩封紀念封 一九九四年七月三十日

筆者張順光自製的首日封，紀念香港電車通車 90 週年。左面是兩輛第一代電車駛過中環的情景。右上角郵票圖案是「香港交通百年發展」系列的派對電車 28 號。

香港電車通車
100 週年紀念
（2004 年）

電車公司在 2004 年慶祝香港電車通車百週年紀念,以一輛 146 號電車,為「香港電車百週年紀念」特別郵票作宣傳。郵票發行當天（5 月 27 日）,電車公司更舉行「搭此電車　買郵票!」的宣傳活動,電車搖身一變成為「流動郵政局」,乘客登上電車購買郵票後,可獲蓋上特別的「百載同行」郵戳,當天不少電車站因而大排長龍。

Map for Destination covers

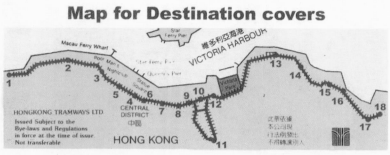

No	Post Office	Symbol of Chop
1	Kennedy Town	KTN
2	Sai Ying Pun	SYP
3	Sheung Wan	SWN
4	General Post Office	G.P.O
5	Harbour Building	HAR
6	Garden Road	GDN
7	Wan Chai	WCH
8	Hennessy Road	HEN
9	Gloucester Road	GLR
10	Morrison Hill	MHL
11	Happy Valley	HAV
12	Causeway Bay	CWB
13	King's Road	KNG
14	North Point	NPT
15	Tast Tsz Mui	TTM
16	Tai Koo Shing	TKS
17	Hing Man Street	HMS
18	Shau Kei Wan	SKN

英文電車路線圖上，展示了「搭此電車　買郵票！」活動的「流動郵政局」位置。

Hongkong Tramways' Centenary Tourist Tram Ride Pass
香港電車百周年旅客電車遊乘車券

Each pass entitles one visitor to one complimentary ride on open-top antique tram during the period of July 5 to 31, 2004.
旅客憑此乘車券可於二○○四年七月五日至三十一日，免費乘坐古董開篷電車作觀光遊乙次

Pick up location 上車地點：
Western Market Tram Terminus
(Near Sheung Wan MTR station Exit B)
西港城電車總站（近上環地鐵站B出口）

Route 路線：

Western Market 上環西港城
1 hour 15 minutes 一小時十五分鐘
Causeway Bay 銅鑼灣

Boarding Time 登車時間：19:00

For reservations, please call 2118 6301 from 9:00 to 17:00 daily. Do make reservations in advance to avoid disappointment. Remember to show this free ride pass and your passport to our driver before you board on the tram.
為確保閣下能於指定日子乘坐古董開篷電車，請於每日9:00 - 17:00致電2118 6301預約；並於登車前出示此乘車券及旅遊証件。

• Reservations are accepted on a first-come-first-served basis.
參加名額以先到先得形式安排
• Tram will depart punctually at 19:00 sharp and will not wait for late passengers
電車將準時開出，恕不等待遲到乘客
• Only original pass is accepted
不設受影印本

Supporting Organizations 支持團體

MARCO POLO HOTELS HONG KONG
The "Star" Ferry Company, Limited 天星小輪有限公司
時代 貿易
香港電台第二台「旅光第一線」全力支持

2004年電車公司推出「香港電車百週年旅客電車遊乘車券」，供旅客於當年7月5日至31日，免費乘坐古董開篷電車觀光一次。

2004年，電車公司邀請三位藝術家水禾田、阿虫及張瑪莉創作三款不同的車身藝術作品，三輛藝術電車沿電車路線穿梭各區。

電車公司特別邀請畫家阿虫繪畫一套電車紀念品套裝，包括
紀念卡、繪本及可摺成電車的擺設。封面印上阿虫親筆題字
「百年人事多變改　伴你同行情滿載」。

HongkongPost
香港郵政

1904 ~ 2004

郵政互聯網址
ng Post Website Address
ongkongpost.com

郵票集郵及拓展處互聯網址
Hongkong Post Stamps Website Address
www.hongkongpoststamps.com

印製：政府物流服務署
Printing : Government Logistics Department

售價 Selling Price : S25

4 893170 010049

郵票印刷詳情

設計：	蘇理治
承印者：	荷蘭 Joh. Enschedé B.V.
印刷方法：	平版
郵票面積：	28毫米 x 45毫米
郵票排列：	二十五枚郵票一版
小全張面積：	135毫米 x 85毫米
郵票小型張面積：	130毫米 x 75毫米
齒孔：	15 x 13.25 (兩面直邊各有一個橢圓形齒孔)
紙張：	混有防偽纖維
發行日期：	二〇〇四年五月二十七日

Stamp Printing Details

Design :	Redge SOLLEY
Printer :	Joh. Enschedé B.V., the Netherlands
Process :	Lithography
Stamp Size :	28 mm x 45 mm
Stamp Layout :	Pane of 25 stamps
Souvenir Sheet Size :	135 mm x 85 mm
Stamp Sheetlet Size :	130 mm x 75 mm
Perforation :	15 x 13.25 (one elliptical perforation on each vertica
Paper :	Paper with security fibres
Date of Issue :	27 May 2004

香港郵政為電車通車百週年推出的紀念郵票套摺，載有一套四款紀念郵票。四
款面值不同的郵票以第一至第四代電車為主角。

第五款紀念郵票的小型張，以千禧新電車為主角，面值五元。
郵票背景是五張不同年代的電車車票。

2004年，此郵票系列設計師蘇理治（Redge Solley）、易志明和郵政署署長蔣任宏等人在香港電車百週年紀念正式首日封上簽名留念。

香港電車百周年紀念
CENTENARY OF HONG KONG TRAMS

正式首日封 Official First Day Cover 27-5-2004

Hongkong Post 2 Connaught

設計師蘇理治

RLolley

ng Kong

易志明

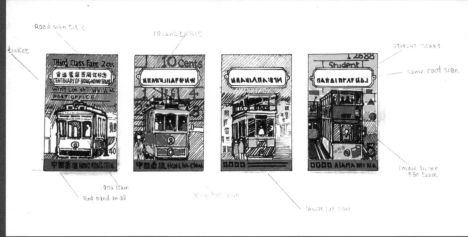

2004 年，香港電車百週年紀念郵票部份設計初稿，其上有不同人士的修改意見。

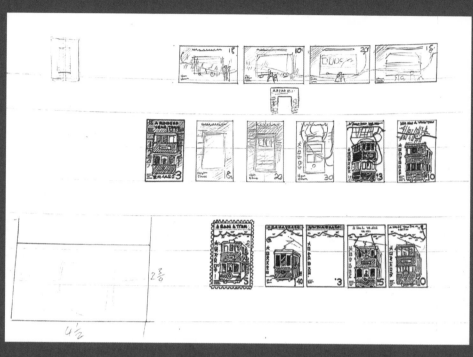

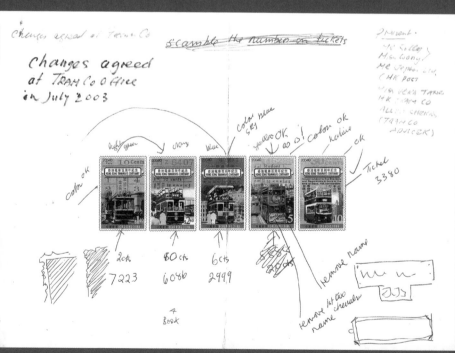

香港電車百周年紀念
Centenary of Hong Kong Trams

香港電車百周年紀念
Centenary of Hong Kong Trams

香港電車百周年紀念
Centenary of Hong Kong Trams

香港電車百周年紀念
Centenary of Hong Kong Trams

AIR MAIL
PAR AVION 空

設計：翻膠治 DESIGN: REDGE SOLLEY

General Post Office 郵政總局

香港 Hong Kong

27 5 2004

2004C 10 Cents

香港電車百週年紀念
CENTENARY OF HONG KONG TRAMS

中國香港 HONG KONG,CHINA

香港郵資已付（空郵）Hong Kong Postage Paid (Air Mail)
郵資不可用於其他郵件 Not valid for postage on other mail items

已付圖片卡第二十六號。
片卡可以投寄到世界各地而無須貼上郵票。

ge Prepaid Picture Card Series No.26.
icture Card includes postage for sending by air mail
destinations without the need to affix postage stamps.

政府物流服務署
g : Government Logistics Department

Hongkong Post
香港郵政

Hongkong Post 2 Connaught Place, Central, Hong Kong

郵政局在 2004 年發行香港電車百週年紀念郵票的明信片，一套四款，正面相片跟四款郵票相同，蓋上當日的郵戳，更顯珍貴。當年曾吸引不少集郵和電車「發燒友」輪候購買。

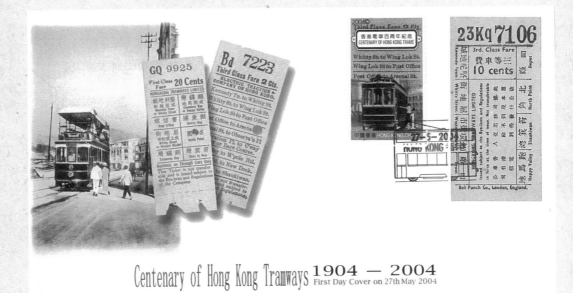

Centenary of Hong Kong Tramways 1904 — 2004 First Day Cover on 27th May 2004

Kennedy Town Whitty Street Western Market Central District Wan Chai Happy Valley Causeway Bay North Point Tai Koo Shing Shau Kei Wan

Centenary of Hong Kong Tramways 1904 — 2004 First Day Cover on 27th May 2004

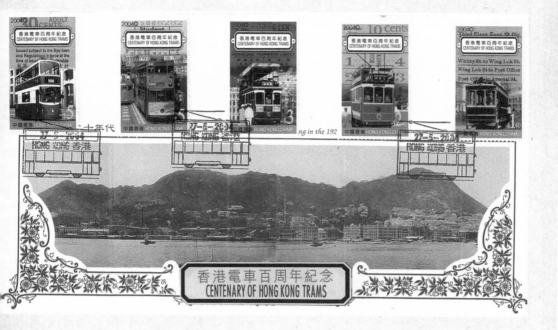

Centenary of Hong Kong Tramways 1904 — 2004
First Day Cover on 27th May 2004

Kennedy Town　Whitty Street　Western Market　Central District　Wan Chai　Happy Valley　Causeway Bay　North Point　Tai Koo Shing　Shau Kei Wan

筆者張順光以香港電車通車百週年為主題，使用不同年代的電車歷史相片作主圖，加上自己收藏的電車車票，自製多款紀念封。部份更印上電車「百載同行1904-2004」的字樣，成為別具一格的收藏品。

Centenary of Hong Kong Tramways 香港電車百週年誌慶 (1904-2004)

筆者張順光以自行繪畫的畫作（左上）、不同年代的
電車歷史相片等製作香港電車通車百週年明信片。

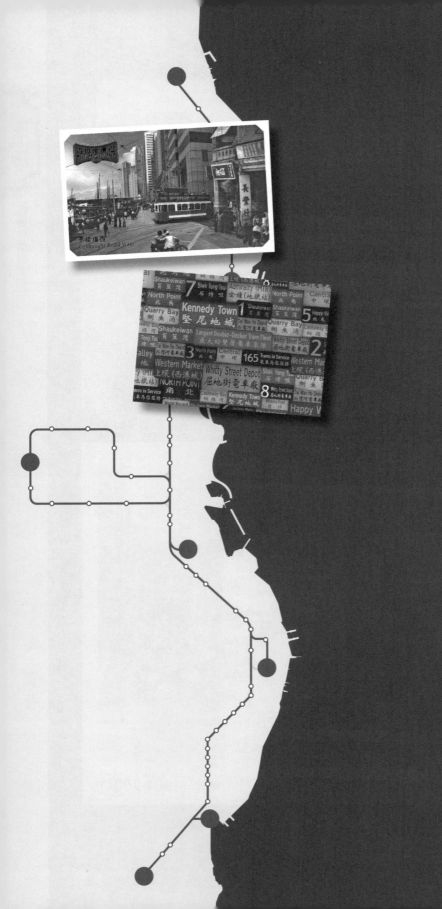

第 2 章

藏品選萃

deTour Matters：電車空間的改造（2013 年）

deTour 每年舉辦多項設計活動，重點展示本地及海外創意設計人才的精彩作品和意念。2013 年，deTour 與電車公司合作舉辦大型宣傳活動，把電車設定為課室、黑盒、舞台及饗宴等，在車廂內舉行電車發展史導賞、設計師分享會、車廂設計介紹、藝術裝置、現場電台節目、音樂演出、移動餐車等，遊走在城市街道上，探討電車的可能性。

— 07

DETOUR CLASSROOM
課室

DETOUR Classroom offers passengers a mobile library of art, design and architecture books for reading, and joining book club and seminars carried out by authors and creative people. Lower deck is where tram storytellers share the tram history. The partially transparent tram envelope exposes the interior space and tram mechanism making the tram a perfect blend of design, practicality and education.

DETOUR課室的上層大型書庫架列著豐富有趣的藝術、設計及建築圖書，讓乘客在電車上享受閱讀時的寧謐；也可以參加作者及創意設計師們舉辦的讀書會、下層則有理著典藏著百年來電車的發展史，此種半透明設計的envelope展示車廂內的車身機械構造，結合了設計、功能和教育三個元素。

DESIGNERS AND ARTISTS 設計師及藝術家

ENVELOPE 車身外殼
- Design 設計
- Brian Lee and Denise Chan
UPPER DECK 上層
- Furniture and interior design 傢俱及室內設計
- The Cove
LOWER DECK 下層
- Graphic design 平面設計
- PolyU co-op student team

PROGRAMME PARTNER 節目伙伴

Basheer / Gestalten / MCCM Creations / Hong Kong Trams Enthusiast / Tram Art Gallery / Ivan Workshop / Tramtic Product & Design

PROGRAMME ON TRAM 電車活動

30 NOV – 1 DEC	-	Sharing Session by Zander Man 分享會
7 – 8 DEC		Paper Tram Workshop 電車模型製作坊
1 DEC	-	Tram Photography Gallery 電車攝影小畫廊
30 NOV – 8 DEC	-	Ride with Tram Storytellers 和聽故事電車同遊
2 – 6 DEC		Social Innovation Seminar 社會創新研討會

— 08

DETOUR BLACK BOX
黑盒

Transformed with reflective envelope mirroring neighborhood along the streets which creates contrast to the dimly lit interior space, DETOUR Black Box is designed to inflate profound and contemplations among people and the city. Audio guide will lead the passengers to discover the city in another perspective inside the tram.

電車外型變成一個流動鏡室，反映周遭的街景，與昏暗神秘的車廂內部成對比，電車緩緩地行駛上，DETOUR Black box的設計令觀眾反思人之間的互動和思考，參與者可由車廂內上下層車廂內的有用聲指導，從另一角度體驗這座城市。

DESIGNERS AND ARTISTS 設計師及藝術家

ENVELOPE 車身外殼
- Design 設計
- Detour curatorial team 策展團隊
UPPER DECK 上層
- Installation 裝置藝術
- Kingsley Ng and AVA alumni
- KaCaMa
LOWER DECK 下層
- Experience design 體驗設計
- Xayler Tsang / Lee Mei Ki

PROGRAMME ON TRAM 電車活動

30 NOV – 8 DEC	-	Experience Session - 16 timeslots 體驗活動 – 每天共16時段

— 09

DETOUR MUSIC BOX
舞台

Staging live radio show and music performances on its open-roof upper deck and art installation on the lower deck, DETOUR Music Box spreads music and words along its route like notes on a staff. Infused with musical and human elements, this mobile music box is a place for performers and music lovers to share a collective listening experience and lots, lots of fun.

DETOUR舞台的特別是其頂層敞開頂蓋電車車廂上演出現場電台音樂演及音樂表演，及在下層的藝術裝置，如流動的舞台隨著電車路線遊走，串連音符，注入音樂及人文元素之設計，讓表演者與音樂愛好者分享同樂好的集體聆聽體驗，樂趣無窮。

DESIGNERS AND ARTISTS 設計師及藝術家

ENVELOPE 車身外殼
- Design 設計
- Detour Curatorial team and studioWMW
UPPER DECK 上層
- Projection design 投影設計
- hehehe
LOWER DECK 下層
- Installation 藝術裝置
- Yuen Yeung and Marco de Mutiis

Media and programme partners 媒體及節目合作

BUZZ Concepts / Harbour runners / Metro radio 新城電台 / Wavy Production Co.

PROGRAMME ON TRAM 電車活動

30 NOV – 8 DEC	-	Mobile Radio Show 流動電台
		DJ and Live Music Performances 音樂現場演出
4 DEC	-	Black East Music Performance

— 10

DETOUR EATERY
饗宴

DETOUR Eatery is a moving dining space that invites people to enjoy the taste and visual of the city at the spare time. Fellow passengers will share their daily life through the act of eating and chatting. The Eatery, features a long dining table for breakfast and tea on the upper deck. Lunch session allows passengers to bring their own meal on board. Lower deck is where a bar locales for leisure.

旅饗是流動飲食的移動餐車邀請大家來欣賞都市一邊享用美饌，一邊享用美饌，賓客一邊共享美味之樂，上層設有一個特長餐桌供早餐和下午茶之用，午餐時段可讓乘客自攜食物在車上享用。下層則設舒適雅座可供乘客輕鬆消閒。

DESIGNERS AND ARTISTS 設計師及藝術家

ENVELOPE 車身外殼
- Design 設計
- Detour Curatorial Team and studioWMW
UPPER DECK 上層
- Furniture, interior and lighting design 傢俱、室內及燈光設計
- Stars Honleyo and Cara To / Handsome Co.
LOWER DECK 下層
- Furniture and interior design 傢俱及室內設計
- MIRO
- Product design 產品設計
- Catherine Mui

PROGRAMME PARTNER 節目伙伴

Hotel ICON / Press Room Group

PROGRAMME ON TRAM 電車活動

30 NOV – 8 DEC	-	Breakfast, Lunch & Tea Sessions 早、午餐及下午茶時段

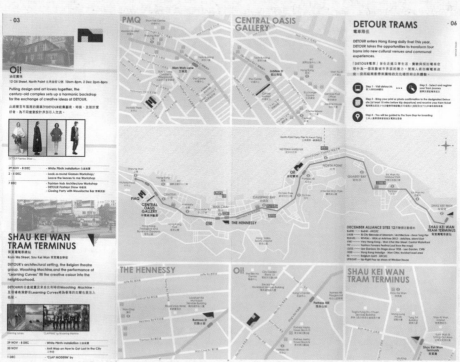

— 03

Oi!
油街實現

12 Oil Street, North Point 北角油街12號 10am-8pm, 2 Dec 2pm-8pm

Pulling design and art lovers together, the century-old complex sets up a harmonic backdrop for the exchange of creative ideas at DETOUR.

這座歷史百年風雅的建築物讓DETOUR匯聚藝術、時尚、及設計愛好者，為不同創意意念創新別合人文之境。

DETOUR Fashion Show 時裝展

29 NOV – 8 DEC	-	White Plinth Installation 白座裝置
2 – 6 DEC	-	Look-a-round Glasses Workshop/ Leave the leaves to me Workshop
7 DEC	-	Fashion Hub Architecture Workshop
		DETOUR Fashion Show 時裝展
		Closing Party with Mavelloche Bar 閉幕派對

SHAU KEI WAN TRAM TERMINUS
筲箕灣電車總站

Kam Wa Street, Sau Kei Wan 筲箕灣金華街

DETOUR's architectural setting, the Belgian theatre group, Woosting Machine, and the performance of "Learning Curves" fill the creative colour into the neighbourhood.

DETOUR 的盧設置又是自比利時的Woosting Machine 及是緣自表演著Learning Curves將為會社的街坊注入色彩。

Learning curves

29 NOV – 8 DEC	-	White Plinth Installation 白座裝置
30 NOV	-	Anti Map on How to Get Lost in the City 迷地圖
7 DEC	-	'CLAP NOGERN' by

PMQ Shun Tak Centre

CENTRAL OASIS GALLERY

DETOUR TRAMS
電車導低

— 06

DETOUR enters Hong Kong daily live! this year, DETOUR takes the opportunities to transform four trams into new cultural venues and communal experiences.

「DETOUR電車」首在正進入學生活、實驗與我到觀眾中間，釋放動力，一個演進城市界認的動力，一常捕入都市解體養味度，並由這讓乘客帶來獨特的文化體驗和公共體驗。

Step 1 - Visit detour.hk

Step 2 - Select and register your Tram journey

Step 3 - Bring your print or photo confirmation to the designated Detour site (at least 15 mins before trip departure) and receive you tram ticket

Step 4 - You will be guided to the Tram Stop for boarding

DECEMBER ALLIANCE SITES 12月聯展站點名單

THE HENNESSY

Oi!

SHAU KEI WAN TRAM TERMINUS

電車全景遊
（2016 年）

2016年，電車公司推出「電車全景遊」（TramOramic Tour）
觀光路線，乘客可乘坐仿1920年代的開篷電車，體驗一小時的
古典電車導賞遊。電車上設展品區和照片區，另有八種語言的導
賞系統，讓遊客了解電車和地區發展的真實故事。路線往來上環
（西港城）總站至銅鑼灣總站。全景遊的黃金套票還可讓持有者
在票面日期兩天內無限次乘坐普通電車。

德輔道中
Des Voeux Road Central

干諾道西
Connaught Road West

「電車全景遊」活動的套票中包括兩張精美的明信片，主題為德輔道中和干諾道西的新舊風景拼貼相片，背面附地圖輔助説明整條觀光路線。

「『叮叮』去九龍」展覽（2017 年）

2017 年，電車公司、饒宗頤文化館和「追蹤電車隊」於九龍合辦「『叮叮』去九龍」展覽。展覽以「追蹤電車 24 小時」為主題，拍攝電車在不同地區和時間的相片及影片、屈地街電車廠運作情景等。參加者可獲得抽獎券一張，得獎者可以參加「電車全景遊」活動，乘坐懷舊電車暢遊港島一小時，又可在兩天內無限次乘坐電車。

「港自遊」展覽與
藝術表演
（2018 年）

2018 年，「文化葫蘆」推出「港自遊」項目，舉辦多元化文化藝術表演及
展覽等。筆者張順光提供文字資料，介紹灣仔、港島東區和南區的歷史文
化和電車發展。圖為活動中的一張「叮叮百年電車軌跡」介紹，以細緻的
手繪插圖，展示第一代電車、電車拖卡以至千禧電車的面貌及簡史，讓人
細味電車的演變。海報背面是一張灣仔、港島東區、南區的手繪地圖，地
圖上有各處著名建築物的標記，顯示它們的所在位置。圖中也繪畫出電車
路線，突出電車所到之處。

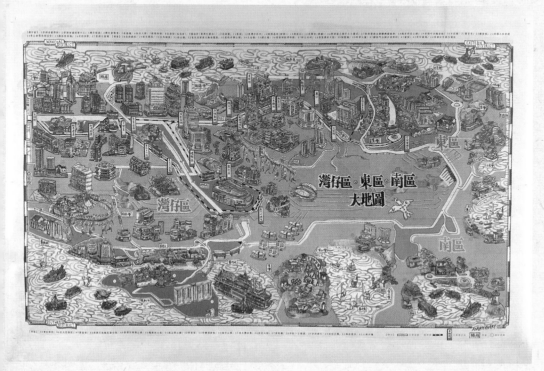

165 輛雙層電車的健力士世界紀錄（2021 年）

HK Tram Green

Color created by
PANTONE®

 hkworldrecord.com

Hong Kong Tramways 香港電車

hktramways

2021 年，電車公司
因擁有 165 輛雙層
電車，每日平均接
載 20 萬人次的乘
客，造就了「最大
的服務中的雙層電
車車隊」這個健力
士世界紀錄。電車
公司遂以「165」為
標誌舉行一系列推
廣慶祝活動，更聯
合 Pantone 設計「香
港電車綠」的色系。

No. 00165

HONGKONG TRAMWAYS LIMITED
Valid from 27th Jul to 22nd Aug, 2021
有效日期: 由二〇二一年七月二十七日起
至八月二十二日止

NOT TRANSFERABLE

香港電車有限公司

**Please redeem your gift at the cashier
with the printed tram ticket.**

請憑此列印車票
到收銀處換領精美禮品乙份

遺失車票，恕不補發

簽名
Signature ....

電車公司同期推
出復刻電車車票，
供參加活動的人
士即場抽獎，這
張 165 號的車票
非常難中獎。

香港電車為獲得健力士世界紀錄而推出的明信片

附錄

香港電車 120 年
大事年表

年份	事件
1881	定例局議員伍廷芳向政府建議鋪設路軌，籌辦電車服務。
1882	政府頒佈《建築車路條例》
1901	政府頒佈《有軌電車事業條例》修正案，頒佈《1902 年電車條例》。
1902	香港電線車公司在英國倫敦成立，同年底被香港電車局接管。
1903	香港電車局鋪設路軌
1904	香港電車局引進單層電車。 電車全線通車，分為頭等和 三等車廂。
1910	香港電車局易名香港電車有限公司
1912	香港電車有限公司引進開篷雙層電車
1922	香港電車有限公司的英國總部遷到香港
1924	電車公司鋪設雙軌工程，直至 1949 年完成，電車路線全面雙線行車。
1928	電車公司經營巴士業務， 往來港島及九龍。
1933	電車公司將巴士業務經營權轉售予中華巴士公司
1941	香港淪陷，電車維持有限度服務。
1945	香港重光，電車服務逐步恢復。

年份	事件
1949	1949 年 12 月 24 日起，電車職工會爆發工潮，稱「羅素街事件」。1950 年 2 月 10 日，《華僑日報》以「電車今晨恢復」為題，報道僵持了 40 多天的電車停駛工潮。在勞資雙方商議後，電車職工於 1950 年 2 月 9 日下午開始復工，並於翌日恢復通車。

年份	事件
1950	電車重組車身，現時唯一的 120 號電車就是第五代電車車種。
1951	銅鑼灣羅素街車廠擴建， 後來易名霎東街車廠。 
1964	1964 年 4 月 12 日發生香港有史以來最嚴重的電車事故。 136 號電車於灣仔前金鐘兵房附近彎位出軌，撞向 68 號電車 後翻側。意外釀成 1 死、58 人受傷、20 人傷勢嚴重。11 輛 救護車趕赴現場救災，出動近千人協助。電車服務一度停頓。  

年份	事件
1964	電車公司引入首架單層拖卡，其後陸續購入新拖卡，直至 1982 年全部停用。
1967	六七暴動爆發，電車成為襲擊目標之一。
1972	電車取消車廂等級，改為劃一收費。
1974	九龍倉集團有限公司收購香港電車有限公司
1984	全港討論是否取消電車服務，調查發現市民傾向保留電車。
1986	古董電車（28 號）面世，供私人派對或宣傳之用。1986 年 2 月 5 日，《南華早報》報道九龍倉主席包玉剛爵士主持 28 號旅遊電車開幕禮。從相片可見，包爵士主持開幕儀式時，非常投入，樂在其中。次年 128 號旅遊電車面世。

年份	事件
1989	電車車廠遷往石塘咀屈地街和西灣河，霎東街車廠原址改建為時代廣場。
1994	香港電車通車 90 週年紀念，地下鐵路與電車公司合作推出紀念車票。
2000	千禧電車面世
2004	香港電車通車 100 週年紀念
2009	2009 年 4 月，法國威立雅運輸集團收購九龍倉 50% 電車公司股權，次年收購全部股權。2009 年 5 月，一則以「6 代電車齊走中環新海濱」為標題的新聞指，電車公司正研究一條中環新海濱的旅遊觀光電車循環線，以歷年六代電車行走，使電車成為流動博物館，可惜一直未有落實。

年份	事件
2011	第七代電車面世
2012	電車採用實時定位系統，引入實時電車到站功能。
2014	香港電車通車 110 週年紀念

年份	事件
2016	首部冷氣電車投入服務
2021	電車公司因擁有 165 輛雙層電車，被列入健力士世界紀錄，稱為「最大的服務中的雙層電車車隊」。
2024	香港電車通車 120 週年紀念

鳴謝

（排名不分先後）

吳文正先生

吳貴龍先生

吳嘉輝先生

易志明先生

梅女士

謝耀漢先生

Alan Williams

Dennis Beath

Douglas Beath

John Prentice

Paul Tirvaudey（戴弘博先生）

T.V. Runnacles

香港電車有限公司

www.cosmosbooks.com.hk

書　　名	叮叮與我：香港電車120週年圖片集
作　　者	張順光　柴宇瀚
策　　劃	林苑鶯
責任編輯	蔡梲音
美術編輯	郭志民
出　　版	天地圖書有限公司
	香港黃竹坑道46號新興工業大廈11樓（總寫字樓）
	電話：2528 3671　傳真：2865 2609
	香港灣仔莊士敦道30號地庫（門市部）
	電話：2865 0708　傳真：2861 1541
印　　刷	美雅印刷製本有限公司
	香港九龍觀塘榮業街6號海濱工業大廈4樓A室
	電話：2342 0109　傳真：2790 3614
發　　行	聯合新零售（香港）有限公司
	香港新界荃灣德士古道220-248號荃灣工業中心16樓
	電話：2150 2100　傳真：2407 3062
出版日期	2024年7月／初版・香港

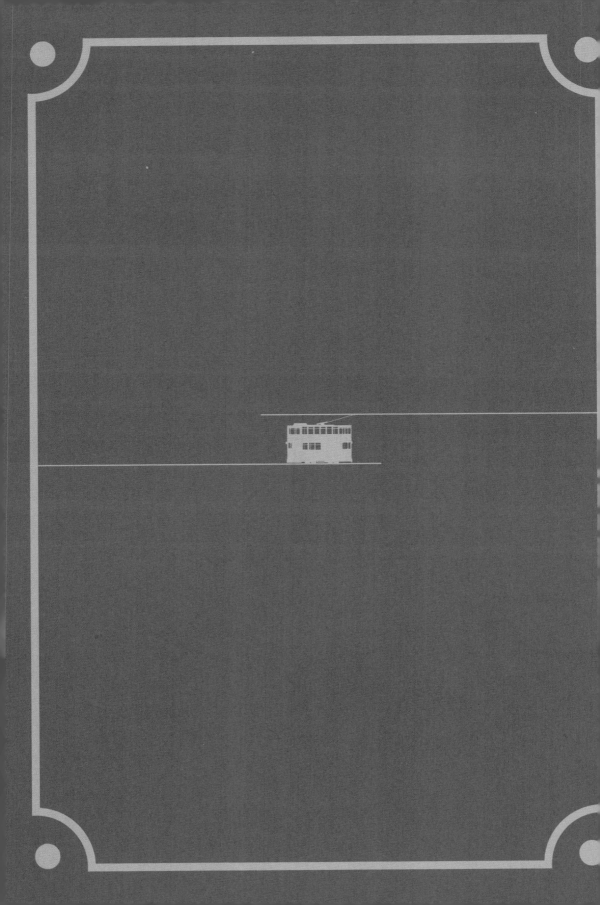